本书由实用格斗术研修专家王红辉倾力奉献

美国精锐部队
搏击术

王红辉⊙编著

MEIGUO JINGRUI BUDUI
BOJISHU

山西出版传媒集团
山西科学技术出版社

前言

美国特种部队是极具战斗力的精英作战部门，依托名目繁多的部队设置、高素质的兵员、庞大的军费开支、先进的武器装备、全球化的作战视角与部署、精湛的专业技能、丰富的实战经验向世界展示着他们的作战能力。

美国特种部队自成立以来，美国的战火燃向哪里，他们就会出现在哪里，他们已经成为美国扮演世界警察角色的一把锐利的“军刀”。正如美军特种部队司令斯蒂纳上将所说：“在当今复杂的多极世界里，特种作战部队是执行美国全球性战略的最理想的工具。”

美国的特种部队为了国家利益及完成各种特殊任务，想方设法地用各种手段进入战场或潜入敌后，通过突然袭击的方式，夺取和破坏敌方重要目标，歼灭小股敌军，破坏敌方交通线，营救己方被俘人员，建立秘密组织等，犹如插在对手心脏的一把利刃，给对手造成重大损失。从美国特种部队历次执行任务的情况来看，虽然配备有各种高精度的现代化武器，但徒手格斗始终是纯军事技术发展中不可或缺的一个组成部分。徒手格斗仍然是美国特种兵必须掌握的制敌技术。因为他们在执行任务时，有可能由于武器失效、弹药用尽、环境不允许出现声响，或处于逃逸、挣脱状态，需要徒手与敌人格斗。为求得生存，美国特种兵需要在身体利用方面进行充分的训练。这些肢体武器使用方便，永不离身。若肢体武器使用得当，就可阻击进攻者。越南战争以后，美国的特种部队将格斗术列为主要训练项目，他们也吸收一些社会上的格斗高手加入到自己的行列。因而美国的大部分顶尖高手都来自特种部队，例如曾七次获得国际空手道赛事冠军的搏击名将查克·罗礼士、“美国自由搏击运动之父”乔·刘易斯、奥克兰海军陆战队格斗教官盖瑞·迪尔、“绿色贝雷帽”格斗教官布莱斯·龙、被称为美国第一自卫术高手的约翰·帕金斯、最著名的反恐专家凯力·迈可恩、著名的保镖和好莱坞动作指导汤姆·穆兹勒、著名自卫术专家艾尔·瑞登豪尔、2006年《黑带》杂志评选的街头格斗王之一劳伦·克里斯泰森等都在特种部队服过役。看来，美国的特种部队还真是个出搏击高手的好地方。

美国精锐部队徒手格斗术的最大特点就是简单直接、高效速成。因为美国精锐部队训练的科目众多，特种兵接受格斗术培训的时间非常有限，所以他们竭力从较短时间的培训中取得最大收益。

美国精锐特种兵使用的搏击术经过生死关头的实战检验，符合生存格斗的需要，因此这种格斗术对于自卫术爱好者来说极具吸引力，他们渴望在短时间内练就美国特种兵那样的身手。为了使读者学习到纯正的防身格斗术，我们将美国精锐部队格斗术的技能和训练方法介绍给大家，希望能对大家有所帮助。

无论你有无搏击术基础，只要按照本书介绍的方法进行练习，就可以在短时间内提高你的格斗能力。本书介绍的格斗术极具威力，往往一击就能将对手制服。当你使用本书介绍的格斗术时，要充分考虑使用的时间、场合和条件，在不违反法律的前提下，做到有理、有节地使用。

CONTENTS

目录

第一章 美国特种部队格斗术概述

第一节 美国特种部队格斗术的起源与发展

世界上大多数国家都有自己的特种作战部队，但毫无争议，美国的特种部队是最优秀的特种作战部队之一。美国的特种部队是美国快速反应部队的重要组成部分，是当今世界上规模最大、组织最完善、装备最精良、战斗力最强的特种部队。美国特种部队自成立以来，无论美国的战火燃向哪里，他们就会出现在哪里，他们已经成为美国扮演世界警察角色的一把锐利的“军刀”。

虽然美国各个特种部队都配备有各种高精度的现代化武器，但徒手格斗始终被认为是一名特种兵战斗能力的基本组成部分。格斗训练是美国特种部队训练的项目之一，每个特种兵都必须掌握高超的格斗技术。因为特种兵在执行任务时有可能遇到枪械失灵、子弹用尽，或者进行悄无声息的行动，或者进行逃脱、挣脱，需徒手对敌。另外，在抓捕犯罪嫌疑人时，特种兵需要实施把对手头部锁定或关节扣锁的技术。在这些情况下，都需要掌握并运用徒手格斗技术。

在美国的军事训练中，最先对徒手格斗技能操练给予高度重视的军队教官，是一位叫科洛奈尔·雷克斯·阿普尔盖特的人（1914—1998）。阿普尔盖特

1914年6月21日出生于俄勒冈州，他青年时期在其叔叔格斯·佩雷特的教导下成为一名熟练的神枪手和猎手。1940年，阿普尔盖特毕业于俄勒冈大学，获得商业管理学位。作为一名预备役军官培训队的成员，他被美国预备役军队授予了少尉军衔。由于他是一名格斗高手，他被分配到了209军事警察队。他于1941年随军警队参加了第二次世界大战，第二年，他就协助建立了近身格斗的培训学校，他的三本书《杀人或被杀》《镇压骚乱》《侦察巡逻》成为军事格斗术的经典之作。

在第二次世界大战期间，美军就把英国人菲尔班的格斗术基本要领引进到他们的徒手训练中。徒手格斗对于搜索情报及搞侦查的美国特种兵来说十分重要，因为他们需要经常乔装成其他国家的人在纳粹占领区执行任务，为了安全通过德国检查站，他们无法携带枪械，因此必须掌握一定的徒手格斗技术。在这种背景下，美军接受了菲尔班及其训练员的格斗术培训。

第二次世界大战期间"魔鬼旅"的近身格斗教练德莫特·帕特·奥尼尔是菲尔班的得意弟子。20世纪30年代，奥尼尔在上海租界警察局当侦探期间，跟随菲尔班学习近身格斗术，后来他将此技术传授给美国一些特种兵。美国海军陆战队凯利中士不仅随菲尔班学习近身格斗技术，还接受了奥尼尔的格斗术培训。美国海军陆战队格斗教官安东尼·比德尔也曾接受过菲尔班的格斗术指导，他又将其格斗技艺传授给约翰·斯塔尔斯和查尔斯·纳尔逊。纳尔逊还跟随美国海军陆战队凯利中士学习了格斗术。约翰·斯塔尔斯和查尔斯·纳尔逊是上下铺的关系，而斯塔尔斯是美国海军陆战队的格斗权威之一，著名的格斗经典教材《冷钢》便是出自斯塔尔斯之手。查尔斯·纳尔逊后来也成为美国海军陆战队的格斗教官。第二次世界大战结束后，查尔斯·纳尔逊回到纽约，传授自卫术达45年之久。纳尔逊退休之后，他的学生卡尔·色斯塔瑞对第二次世界大战期间的近身格斗技术进行了大量的研究，现在他已成为"二战格斗术"体系的首要传播者。色斯塔瑞为人低调，很少出现在公众的视野中，但这并不影响他在武术界的地位。2006年，色斯塔瑞被美国《黑带》杂志评为全球最伟大的20位街头格斗王之一。

第二次世界大战期间，包括美军在内的无数特种兵的生死格斗表明，菲尔班创建的近身格斗术简单、凶狠、非常有效，以至于第二次世界大战后至今，美国各个格斗版本的教材都带有菲尔班格斗技术的印迹。

尽管一些军事格斗专家对军队的徒手格斗训练较为推崇，但由于武器技术的发展，美国常规军队的徒手格斗训练始终受到一定的局限。20世纪美国的军事技术将近距离的徒手格斗术看成是极其多余的部分。枪械、火炮、爆炸物、火箭、战斗机等都能赋予人们能力，把杀伤敌人的动作距离扩展得更远。所以，也就使徒手打斗的能力看上去更加原始，更加没有必要。正因为如此，美国在20世纪七八十年代的新兵招募工作中，很少安排新兵进行徒手格斗训练，或根本不进行此类训练。《黑带》杂志的执行主编罗伯特·杨说："早在1983年我就加入了美国军队，我先后在布拉斯堡和德克萨斯的基地接受训练，这些训练比较容易，并且充满着乐趣。训练主要内容包括M16步枪、M60机枪、手榴弹、格雷莫瑞地雷以及轻型反坦克武器的使用等。对于一位对武器极具兴趣的武术家来说，我非常乐意接受武器的使用训练。但是，还有一件事情让我不满，那就是当时的近身格斗训练较少。当时我们只是用M16步枪上的刺刀进行了一些简单的劈刺训练而已，而且训练的时间很少。当然我们也进行一点松涛空手道型（KATA）训练，徒手格斗训练则根本没有。"

尽管美国的常规部队很少安排徒手格斗训练，但是，能够制敌于死地的徒手格斗技能却开始出现在美国特种部队的训练中，而且这种训练使他们大受其益。在1963年至1973年的越南战争期间，美国驻越南的特种部队在东南亚危机四伏的丛林里与越南的反抗者经常进行徒手相搏。美国特种兵对越南反抗者颈部和头部施以一次致命性击打就能使其立即毙命。

虽然美国的特种部队都进行徒手格斗的培训，但对于不同部队而言，训练水平通常取决于一支部队是否拥有格斗高手，他们既要有教授能力，又愿意费时费力去传授自己的格斗术。有的特种部队还即兴从社会上邀请格斗高手对特种兵进行格斗术培训。很多特种部队没有徒手格斗的系统训练计划。

美国海豹突击队因为经常执行潜入、抓捕、暗杀和反恐任务，因而徒手格斗术比较常用。1980年中期美军高层计划在海豹突击队创设一种新的徒手格斗体系，格斗专家杰瑞·皮特森受命来开发这个体系。接到任务后，皮特森对多种武术理念进行了认真的探索，并将其中精华吸收到自己的武术体系里。随着格斗训练的深入和实战经验的积累，一般实用性的格斗基本法则和思想开始在皮特森的头脑中形成。皮特森将其为海豹突击队创立的格斗术称为“特种格斗攻击反应体系”，简称“SCARS”体系。经过6个月的测试和5年的特种部队指导实践验证，SCARS体系足以使海豹突击队员应付可能遇到的所有徒手格斗局面。

美国海军陆战队的高层充分意识到格斗术系统的重要性，因此在1999年计划在部队开设一种新的徒手格斗课程。这一课程要把各种格斗体系中的精华融合在一起。黑带高手里科南·汉德森和查德·欧文斯担当了此重任。课程是在2000年设置完成的，它比过去所有的军事格斗技术都要先进，MACP（美国海军陆战队格斗教程）格斗技术和原则是相当不错的，过去传统意义的“击倒”已经被称为EDIP的格斗理论所代替。EDIP是指先向队员们解释并做出这些技术动作，然后用密集的训练模拟格斗过程，以此进行抗疲劳和心理压力训练，锻炼队员的反应能力和生存意识。

2003年，美军的训练指导思想发生了重大变化，后来的新兵必须接受MACP训练。这种训练体系是由一些实用高效的亚洲格斗术组成的，同时包括战场刀法以及武器防御技术。

MACP是由43岁的武术学者马特·拉森创造的。要知道他是如何与这种军用格斗术联系起来的，需回顾到1984年。当时，拉森加入了美国海军陆战队并被派遣到亚洲，他的第一站是日本东京。他在那里练习了两年柔道和松涛空手道。在离开军队后，拉森对格斗术做了一些研究，并且向艾如·西马布库如学习格斗术。后来，他又被派遣到泰国，在那里他打了几场泰拳比赛，然后就去了菲律宾，学习菲律宾武器格斗术。在海军陆战队待了4年半后，拉森享受了3年的平民生活。然后他又加入了陆军特战营，在那里待了6年。在萨凡纳附近的基地有一个人在教授跆拳道和合气道，另外还有人教忍术，而拉森就和他们一起训练。当他驻扎在华盛顿的路易斯堡时，他又和布德·托里尼一起训练。托里尼主要从事柔道、花朗道、实战韩式合气道的教学工作。拉森的武术经历很丰富，他还接触过踢拳道、柔道和巴西柔术。他们不断地探索其他武术及武术理念，并将其中的精华部分吸收到自己的武术体系里。拉森说：“但是，我们还必须认真分辨哪些技术简单实用，哪些技术不适合战场搏杀。”拉森不断地对自己创建的格斗体系进行完善，直到它能够适应士兵打斗的需要。随后，这种军事格斗体系在路易斯堡得到了验证，这套军用格斗术终于成熟起来。拉森后来被调到特种兵学校，他逐渐明白了自己所面临的局限。士兵的格斗训练时间有限，因此他们无法系统学习所有的技术。他说：“相反MACP则是用最基本的技术来使受训者掌握格斗原则和方法。这些基础技术也会用一些高级技术来进行强化，而且这些训练可以在士兵的职业生涯中使他们增强自省能力。”MACP之所以有效，是因为这种训练从来不拘泥于某种特定的目标。“相反，我们教会士兵如何找到完成目标的方法。”这种军事格斗术的基础训练与民间的格斗术训练没有太大区别，主要包括拳法、腿法以及膝法，如何进行扭斗，如何摔倒敌人，在地面打斗时如何控制对方等等。

军队徒手格斗培训的内容就是：学会如何用自己的双手杀死敌人，或使其致残。但是今天的士兵生活在一种形势复杂、令人疑惑的环境之中，他们又常常被派去执行一些特殊任务。例如控制民事骚乱，参加维和行动，逮捕战争犯罪嫌疑人等。在这些情况下杀伤技术就不适应了，因而擒拿遏制技术正在成为不可或缺的基本组成部分。

徒手格斗训练在美国特种部队士兵训练日程中占很小的比重，因为并没有多余的时间，无法把它安排到挤得满满的培训日程表中，更加优先考虑的是特种部队所要求的其他许多训练。特种部队很可能必须精通大范围的技能，如他们要进行解救人质训练，使用外军武器训练，丛林生存训练，跳伞训练，破坏敌军设施、通信训练，医疗救护训练，搏斗潜入训练等等。除此之外，特种兵还要应付突围逃生测试以及残酷抵抗和审问训练，以便在敌人防线后或敌对环境下执行特殊作战任务。对于特种部队而言，他们的时间太宝贵了，因为他们整天都在连续不断、没完没了地进行军事训练。因而美国的某些特种部队，如美国的海豹突击队（SEAL）、美国绿色贝雷帽部队（Green Berets），徒手格斗培训的时间都是非常短的，通常在六周或更短的时间之内就结束。尽管训练的时间短，但特种兵能从有限的培训中获取最大收益。其科学的训练方法很快使受训士兵功夫上身，练就良好的格斗能力。

第二节 美国特种部队格斗术的特点

特种部队格斗术是纯军事技术发展中不可或缺的一个组成部分，它是从战场格斗技术中脱胎而来的，其实效性是经过生死关头检验的，因此受到越来越多人的喜爱。现将特种部队格斗术的特点介绍如下：

第一，重视精神与心态的培训。

在徒手格斗中，士兵所拥有的最具杀伤力的武器，就是他的大脑。其灵活的思维及反应能力是制胜的关键。曾经的美国特种部队战士汤姆·穆兹勒说："如果想在格斗中取胜，先决条件便是敢于直面死亡，能够正视自己的恐惧和不安。否则，在格斗场上，他们就不能发挥自己的最大潜力，不会表现出最好的竞技状态，从而很难取得最佳战果。他们的思虑常常被一些杂念所干扰，并因此而表现得心神不定，惴惴不安。"

士兵必须要开发自己的头脑，训练自己的心理素质和反应能力。他必须毫无恐慌地于一瞬间做出反应，从而在格斗中淋漓尽致地实施攻击防守。

美国特种部队教官要求学员们必须具有坚强的意志、坚忍不拔的精神，具有将生死置之度外、视死如归的心理，以及全力以赴、勇于拼搏的作风。教官要求，无论在技击训练中，还是在搏击训练中，都应把对手当成真正的敌人，要保持猛虎下山、撕碎一切的"兽性"心态。只有这样才能以精神为统帅，调动全身各部，发挥最大效能，并可克服恐惧、焦虑和急躁情绪，保持自己旺盛的战斗力和战斗情绪。

第二，简单易学，效果突出。

美国特种部队格斗术动作高效速成、易学易用。它的技术是根据人体的自然反应设计的，在打斗条件下更易于使用，并且仅需短期训练即可形成反射性动作。虽然特种部队培训的时间非常短，但效果惊人，其科学的训练方法使队员能很快地掌握常用的格斗技巧。

美国特种兵主要学习一些简单易学的技术动作，并反复练习一些在打斗中凭直觉就可以完成的简单技术，因为这些技术动作在压力下也很容易发挥出来。要确保所学技术简单直接，并除去一切华而不实的东西。要使用离敌人最近的部位来进行攻击，并且忘掉技巧与优雅。事实上，当士兵与敌人进行生死搏杀时，他会因肾上腺素分泌的激增而感到恐惧和惊慌，直接导致运动机能的降低。这就意味着以往学过的复杂的打斗技术很难实施，他的格斗则只能靠自身的本能控制。

为了使士兵在巨大压力下发挥出极具威力的技术动作，那么培训时就务必令士兵明白：敌人身体上易受攻击的要害部位有哪些，士兵身体哪部分可用作武器来攻击敌人。士兵与敌人打斗时，要充分利用他的身体武器，尽量地给敌人的身体造成最大伤害。为达到这一目标，士兵要快捷凶狠地猛击敌人的要害部位，尽量做到一招制敌，不能期待有第二次机会。

第三，格斗训练以实用为本。

特种部队格斗术是没有固定架式、随心所欲的综合搏击术，换句话说，就是没有成套和神秘的招数，没有对特定的攻击做预定的反应，没有按照程序化设计的技巧。实际上，想要有效地发挥程式化的技术是很困难的，速度、无序、混乱等这些和真正打斗相关联的因素导致程序化的技术根本难以派上用场。记住，所有残酷的搏杀，都是没有规律的，因此程序化的训练并不能替代真正的实战练习。程序化的动作只是作为学习的工具，而不是最终目的。这不是推测，而是被无数格斗专家的经历所证实的。那些拥有各种不同武术流派高段位的教官认为，当遭遇心毒手辣的暴徒时，受传统模式训练的人将难以打败对方。

传统的训练往往是潇洒的、配合的和可预见的，但真正的格斗却是丑陋的、危险的和杂乱无章的。碎石断砖、华丽的高踢和下劈腿都令人羡慕，造诣也很高，是值得称赞的打击技巧，但是它们有一个共同点就是实用性不强。很多训练传统武术的人都认为格斗术和武术没有区别，这造成他们的打斗理念和训练都与打斗的实际情况脱节，在危险来临时，往往茫然失措，付出惨重的代价。

美国特种部队格斗术要求士兵穿上执行任务时的军装进行近似实战的训

练。事实上，士兵在整个训练过程中都会感到难受，因为训练都是在近似真实暴力冲突的危险环境中进行的。在夜间进行训练、在泥泞的地面上进行训练、在冰天雪地中穿着笨重的衣服进行训练，而且有时士兵在饥渴交加、疲惫不堪的状态下还要进行格斗训练。这些训练能促使训练者积累实战经验，使其格斗水平迅速迈向一个新的台阶。

第四，不择手段。

格斗比赛是为了看看谁能在相对公平的情况下表现突出，而军事上的格斗则是你死我活的打斗。军事上的格斗首先要看的是谁能够以最诡诈的方式运用自己的武器，伤害或削弱对手，从而将其制服或使自己逃脱。特种兵与敌人打斗时，根本就不存在按规则比赛那码事儿。所以说，队员应该忘掉所谓"公平竞赛"的说法，只要能够让自己安全，可以采取任何方法；在更严酷的情况下，要竭尽全力，不惜一切代价。在比赛中，强者会获胜；在军事格斗中，不择手段的人更有优势。

美国特种兵在格斗时首先要记住的一点是，为取胜而做各种可能做的事情。勒夹敌人的咽喉，头撞敌人的面门，踢踏敌人的裆部，撕咬敌人的耳朵。运用那些在比赛中被禁用的技术，而且要先于敌人做出这些动作。除应用自己的肢体武器进行搏杀外，也应充分利用身边的物品作为武器来搏杀，如沙石、砖块、树枝等等。另外，除了强斗之外，智斗也必须强化。与敌人对峙时，欺骗是一种很好的防身方法。永远不要给你的对手任何暗示，否则你的动作就会变得无效。

第三节 美国军用格斗术创始人马特·拉森谈战场格斗术

马特·拉森

马特·拉森是美国著名的军事格斗专家。1984年拉森参加了海军陆战队，接受了很多格斗训练和反恐怖训练。为了获得最合适的格斗技术，他先后学习过柔道、松涛空手道、泰拳、菲律宾格斗术、跆拳道、合气道、忍术、花朗道、踢拳道、巴西柔术等格斗术。马特·拉森把多种格斗技术的优点和特长融合起来，创建了现代军用格斗术体系（MACP）。经过在路易斯堡的实践证明，MACP体系完全可以用以应付士兵可能遇到的几乎所有的徒手搏斗局面。马特·拉森曾接受美国《黑带》杂志专访，回答了一些关于军用格斗术的问题。

《黑带》：在您创立美国军用格斗术之前，美国军队是怎样进行格斗操练的？

马特·拉森：受古希腊斗剑传统的影响，美国早期的军用格斗技术更倾向于将重点放在对武器、器具的利用技艺方面。美国军队最早的格斗教程是乔治·迈克可力兰在1852年翻译自法国的刺刀格斗术（刺杀术）。刺刀训练作为一种军事传统，在美国战斗技能中拥有重要的地位。在美军的《战斗训练手册》中，近身格斗与步枪刺杀训练是两大主要内容，因为刺刀是一种应用广泛的武器。一个训练有素又有杀气的士兵，他的刺刀会令敌人心惊胆寒。士兵应该掌握刺刀的运用诀窍，增强实战能力。刺刀的训练能增加一个士兵在战斗中幸存和完成任务的机会。

《黑带》：那后来为什么这种刺刀格斗术又被弃用了呢？此后军方又是怎样训练近身格斗术的？

马特·拉森：美军理论上重视刺杀训练，实际上在现代战争中，刺刀的作用越来越小，据美国国防部公布的美军档案显示，美国陆军最后一次大规模使用刺刀冲锋战术，是在20世纪50年代的朝鲜战场上，海军陆战队这个战术的最后一次运用是在越南战争期间。近几十年刺刀在战场运用得非常少，因而刺刀训练逐渐被冷落。2010年军方正式宣布不再继续进行刺刀格斗训练，同时被取消的还有五公里越野训练，而以“Z”字形短距离全速冲刺练习代替。这是军方在总结阿富汗、伊拉克战争经验后做出的重要训练调整。事实上在很早以前，刺刀格斗便被一些像棍棒格斗术一样没有太多技术含量且易学易用的格斗术所替代。后来，有人将柔术引入到士兵的格斗操练课程，但柔术训练体系稍显复杂，士兵缺乏足够的时间与耐心来系统地掌握这种技术。因此，柔术一直都没能够成为军队专用的格斗术。而那些没有什么技术含量的格斗术一直被军队沿用着，直到第二次世界大战。

在第二次世界大战期间，很多精通格斗的人进入军营，他们有的在军队服役，有的是在军队中教授格斗术。当时传授的格斗术大多是“格斗72式”之类。这类格斗术现在被称作“终极格斗术”。它是一种混合武术，从各类武学的原始形式中吸取了诸多精华。从技术角度上说，所有综合格斗术的风格都是相似的，因为它们都结合了站立搏击与地面技巧，攻击与缠斗技巧，并且更强调基于现实环境的打斗。倘若一位不懂格斗的高层想让部队学习格斗术的话，他就会去找一位格斗高手，然后告诉他：“你可以带领士兵进行10到15个小时的格斗训练。”为了使士兵尽快掌握一定的格斗技能，教练需要传授一些在格斗中靠本能就能用得上的格斗术。而此种短训的后果就是，在上课的时候，学员会觉得这些技术很实用，但是在课后，他们就再也不会练习这些技术了。过了几年之后，一旦进入实战，遇到身高、体重都占优势的对手，便怎么也发挥不出以前练过的那些动作和招法。世界上的任何一种格斗术之所以实用，是因为练习者通过不断地重复练习，让最有效的格斗方式成为人的本能性反应。世上的格斗术根本没有什么秘笈，那种让你随便学一学就能成为高手的言论只是哗众取宠而已。刻苦的训练才是获得格斗能力的保证。如果在一次格斗术课后你不再训练，你是永远不能成为格斗高手的。

《黑带》：第二次世界大战之后的军用格斗环境又是怎样的?

马特·拉森：在朝鲜战争前夕，美国在招募新兵时，根本就不安排新兵进行徒手格斗训练——人们大概认为那种训练根本就没有必要。在越南战争前夕，普通士兵的格斗训练也是极少的。虽然特种部队开始重视格斗术训练，但是普通士兵仍然对格斗术知之甚少。此种状况一直持续到现代战争期间。伊拉克战争的实践证明了战场上格斗技能的运用是很广泛的。很多士兵在偷袭战中施用了徒手格斗术，向敌方发起出其不意、悄无声息的攻击，这种在敌人领地上突发的出乎意料的遭遇战，徒手格斗术往往可收到绝佳的效果。

现代军用格斗术体系与传统格斗术的不同之处就是，现代军用格斗术（MACP）是一种在任何情况下都能有利于战场搏杀的格斗系统。这种格斗术如此有效的原因之一是，它也在通过不断地发展来应付那些会真正危及生命的挑战。MACP也强调要不断加入最好的技术和训练方法，并且用士兵的实践来对技术进行验证。虽然具体的技术可能会不断地改良，但是相关的搏斗和训练原则却被长期传袭下来。

《黑带》：在以前您曾经说过，MACP的重点虽然不是技术，但是在训练时还是必须从技术开始，这句话应如何理解？

马特·拉森：我们会向学员传授训练方法，而我们传授训练方法以及打斗诀窍的方式就是从教授技术开始的。从培训的过程来看，技术是很重要的。但最终我们不会在意应该如何防守对方的腿法攻击，我们所要做的是应该如何让对方无法使用腿部实施攻击。

《黑带》：如果普通民众也想练军用格斗术，他应该如何着手？

马特·拉森：我会推荐他去那些传授自卫术的武术学校进行学习。美国的武馆传授的格斗术不像大多数项目那样规矩多、训练烦琐复杂、实用性不强。比较而言，美国武术界看重的是在实战情形下，用无规则的动作战胜对手的格斗术。因此，在武馆里面也许可以学到与我们的军用格斗术（MACP）相似的技术。

《黑带》：您是否也想创建一个遍布全国的武术组织？

马特·拉森：是的，我的确想建立一个庞大的武术组织，真正切实地致力于发展实战格斗术，并将之传遍全国，但是我们现在的主要任务是向士兵传授战场格斗术，因此我目前还无暇去建立自己的武术组织。

《黑带》：从军队中退役的士兵有没有能力向平民传授军用格斗术？

马特·拉森：美国军队训练科目繁多，但大多数队员似乎更喜欢格斗训练，因为很多人都要从军队中退役，士兵退役后仍要走向社会，由于美国的治安状况并不尽如人意，所以在美国很多人都会去学自卫术。而士兵，特别是特种兵大多数都精通格斗术，他们退役后会与当地的武术学校联系，担任格斗教练，一些退伍士兵甚至会创建自己的武术学校。如果实施得当，军用格斗术(MACP) 会让他们领悟格斗术的真谛。如果士兵在军队中进行过系统的格斗术学习，随着训练时间的推移，士兵会成为实战格斗的行家里手，他们当然有能力成为一名合格的格斗术教练。

《黑带》：假设一下，如果一个士兵服役四年，并且进行了系统的军用格斗术训练。那么，如果与一个跆拳道黑带进行实战的话，这名士兵会如何？

马特·拉森：这主要看运用何种格斗规则。在运用跆拳道的规则较技时，士兵肯定会失败。但是倘若在无限制的格斗环境中，士兵会表现得很好。军用格斗术的直接目的是作为解除对手战斗力、伤残甚至杀死对手的搏击格斗手段。实战在某种意义上是性命相搏、你死我活。在战斗或其他形式的暴力冲突中格斗手段可以无限制地运用。在格斗技术中充满了戳眼、撕咬、扼喉、攻击睾丸，反关节致人脱臼，以及攻击要害部位使人麻痹、剧痛或毙命。而跆拳道比赛是在规则限制下发展而成的，真正实用的格斗技巧在跆拳道比赛中恰好又被规则所限制。跆拳道等比赛项目的训练可以让你的技术不断提高，如果你的目标是参加比赛的话。

《黑带》：您对于那些实用性强的格斗术如何看，您认为在武馆里学习的格斗术对于真正的实战而言有何作用？

马特·拉森：我们很多人都在武馆里训练过，但是真实的格斗只会发生在真实场合。室内训练的主要目的是提高你的技术水平，与实战格斗是有距离的。如果你没在混乱的环境中训练过，你就不可能在混乱的环境中进行战斗。要想使自己学习的格斗术具有实用性，在训练时，还要考虑到冲突中的各种因素，包括空间的限制、具体的环境、不同类型的对手。因而学习格斗术的人不但要在室内进行训练，还要在真实的环境中进行模拟实战训练，在那里你能为真实的格斗做好准备，变得更能适应周围的环境。

《黑带》：您能再详细说一说格斗场合的实际情况吗？

马特·拉森：在实战中，我们面对的更多的是严重的伤害或者是残杀，而不是比赛的金腰带。真实的打斗恐怖残忍，是一个人毁灭另一个人的事情。它意味着一个人用匕首猛刺对手的身体，意味着一个人抠掉对手的眼珠，意味着在对手倒地以后，攻击者更加凶残地踢击对手的头部。这在相对公平的比赛中是不会出现的，但是在战场格斗中却是家常便饭。

多数一对一的实际徒手打斗时间很短，一般在5秒钟内结束战斗。很少有没完没了地像师兄弟较技那样的打斗场面。那种组织严密的战略战术，竞技般指东打西的格斗方式在真实的打斗中几乎没有。敌人攻击你时，他所出的第一击肯定是他拿手的重招，第一招过后，他一般会用摆拳去猛击你的头部；紧接着，他还会以同样的方式对你狂攻，用相同的拳，相同的打法；然后，他还会更加猛烈地攻击，不给你任何喘息之机，疯狂地破坏你的防线。所以说，实际打斗总是这样迅猛、简捷。

《黑带》：那么您是如何让训练更加接近实战呢？

马特·拉森：练习格斗术的很大一部分人，在平时训练中其技术水平达到了很高的境界，然而当遭遇真正的暴力冲突时，以往学习的技术根本难以派上用场。究其原因，最主要的是没有在接近实战的危险情境中进行过训练。因为真实打斗的环境与比赛是有区别的。我在对学员进行自卫格斗术训练时，让他们亲身经历这些暴力场面，尽量去理解那种概念和逻辑。

军事上不可能存在纯粹的空手对空手的搏斗，大多数打斗都涉及武器的使用，为了训练携带武器的格斗方式，我们用10万伏特的电击枪代替有刃的武器。在训练中，我们会让训练班里的某个学员暗藏电击枪，但是其他学员并不知晓。在对练时，如果他能够寻找机会拿出武器实施攻击，那么他的对手就必须谨慎应对。我们都知道，实战格斗的关键是要将对手的手臂控制住，使他不能腾出手掏出武器攻击你。另外一个重要的问题是，你应该强化自己的抗击打能力，以防止被对手打晕，下巴、腹部等部位都要进行相应的抗击打训练。

《黑带》：军用格斗术（MACP）训练是否也包含了实战比赛呢？

马特·拉森：是的，比赛是一种绝佳的训练方式。通过比赛使学员将自己学到的技巧和战术充分运用到实战中去，提高学员的实战应变能力，积累实战经验。只有少数人会自发地强迫自己坚持不懈地苦练。因此，需要用比赛来激发他们的训练热情。从这个角度来看，比赛可以让士兵不断地提高格斗能力。

《黑带》：在比赛中有没有规则的限制呢？

马特·拉森：在比赛中，我们既要使学员受到真实的训练，同时还要尽力保护比赛双方的安全。因此，我们也制定了一套规则。军用格斗术（MACP）比赛分为多种形式，在初级阶段是缠斗比赛，主要应用摔跤技术和控锁技术。在四分之一决赛中，是综合格斗技术比赛，我们用的规则更像是希腊拳击角力规则。你可以用手掌打击对方的头部，也可以用拳攻击对方的身体。在决赛中，我们的规则与MMA比赛较相似。我们可以组织300人参加比赛，而参赛人员都需要掌握军用格斗术（MACP）的全部技术，包括踢打技术、缠斗技术等。如果参赛选手的技术不全面，那么他很快就会被淘汰。

军队的格斗比赛每年都会决出一个总冠军。为了取得优异的成绩，每个师必须选派最强的两名士兵参赛。比如，第101空中突击师有两万士兵，这个师就可以选拔14人参赛。这14个人中，每个级别有两个人。因而，这种比赛的水平是非常高的。

《黑带》：倘若是女兵参加比赛，你们会制定何种规则？

马特·拉森：我们的比赛无论男女都可以参加，女性也会和男性进行比赛。由于女性的生理特点，她们在力量、耐力、速度、反应、胆量、承受力方面一般都不如男性，因而，我们会在体重上向女性稍有倾斜，女性在体重上比男性重7%。例如，在125磅级别的比赛中，女性选手的体重可以达到134磅。这样女性多出的体重可以弥补自身的诸多不足，比赛才能趋于合理。

《黑带》：您如何总结军用格斗术（MACP）在21世纪军队训练中的作用？

马特·拉森：MACP是一种完全基于实战的格斗体系，士兵们都要学习这个技术体系，因为军用格斗术已经成为他们实际战斗能力的重要组成部分。士兵们必须掌握这套技术，就像日本武士们必须掌握他们的技术一样。武士们的徒手格斗技术在他们的技术体系中占的比例可能较小，因为他们还必须学习刀剑、骑术、射箭、辨向定位等技能。今天的士兵们同样需要一整套技术，我们能够取得战争的胜利并不是因为士兵们精通徒手格斗技术，而是这种技术完善了士兵们的技能。

在伊拉克战争之前，人们有一个错误的观点是，现代战争已经没有徒手格斗的用武之地了，但是，战争的实践却证明了战场上格斗技能的运用是很广泛的。很多深入战地的士兵，在执行任务时，许多时候都是以近身格斗技能结束战斗的，尤其是在巷战中更是如此。

第二章

徒手格斗术的基础内容

第一节 格斗预备姿势

稳定的姿势，对保持良好的身体平衡和徒手格斗的攻防动作都是十分重要的。格斗预备姿势为所有的动作和技术提供了基础。因此，也是进行格斗训练的学员首先要掌握的技能。

这个动作并不复杂，只是像拳击手一样站立和移动(图1)。

图1

两腿略屈，两脚前后站立，重心保持在两腿之间，侧身对着对手。把双肘弯曲，将双臂抬至可保护面部的高度，但又不至于遮挡自己的视线。手指弯曲握成拳头，但不宜握得过紧。下颌内收，用来避免被对手击中。

最好面对一面大镜子来训练这个动作：站立时放松，接着轻轻一跳，落地时成格斗预备姿势。身体要放松，告诉自己这是轻轻一跳。

下面再介绍一种迷惑对手的格斗预备姿势。

常规的格斗预备姿势在打斗开始以后使用，打斗没有进行前，我们要善于欺骗对手。当对手逼近你欲实施攻击时，不要摆出常规的格斗预备姿势，这种姿势看上去像士兵那样给人一种威胁，好像你已知道如何去搏斗似的。你需要的是使对方已经兴奋的神经放松下来，你要做出渺小、困惑、无助的样子。最好的方法是用双手护住你的脸，做出有些害怕的样子；或者是摊开双手和对方讲道理，劝说对方不要冲动；或者是手臂弯曲、双手张开、指尖朝上，同时用语言安抚对方（图2)。换言之，就是你要表现出不会对他构成威胁的样子，让对方觉得没有必要动手就可以得到他想要的东西。如果对方走开那是最好的了。但对方执意要大打出手，或者他想把你带到别的地方，你必须行动。在这种情况下，对手的神经可能会有些松懈，因为到目前为止，你都看上去像个没有经验的孩子一样，这样很好，有利于你抢先出击，打他一个猝不及防。这种姿势会有以下三种好处：

图2

1.使你看起来没有威胁，从而使对方放松警惕，为你先发制人创造条件。

2.它很自然地为你设置了一个保护身体要害部位的屏障。

3.在闪避对方攻击的同时，你可以打击他的下颌、眼睛或咽喉。

第二节 脚步动作

步法是格斗术的基础，无论是对峙、进攻，还是防御反击，都是通过移动来调整自己与对手之间的最佳距离，以此来达到进攻或防御的目的。

平衡是步法中重要的因素，拳击专家将步法形容为移动中的平衡。如果平衡不能保持，技术将没有效果。平衡要通过反复的步法练习、身法练习和实战练习才能掌握。

移动时最好不要全脚着地。相反，应该用脚掌去感觉地面，因为它富有弹性，可以随着对手的变化随时前冲或后撤、左躲或右闪。良好的脚步动作会为你的格斗打下良好的基础。

移动时，一般情况下都应由朝向所移动方向的脚先移动，另一脚紧跟。也就是如果向前移动，那么就先移动前脚；要向后移动，就先移动后脚；要向左移动，就先移动左脚；要向右移动，就先移动右脚。所有移动都是从格斗预备姿势开始的。

格斗中有四种基本步法：前进步、后退步、向左侧移步和向右侧移步。前进步常用于主动进攻技战术中，后退步常用于防御反击技战术中，侧移步则常用于游击技战术中。连续步能使你迅速地在一个较大范围内移动，此技术在刀对刀、徒手对刀的格斗中也很有用。专家们所说的其他步法都是通过这几种基本动作演变而成的。经过一段时间的训练，你就会发觉自己掌握了灵活多变的步法，这就是通过基本步法练习而实现的。

一、向前上步

在预备格斗姿势的基础上，前脚快速向前上步，后脚随即跟上，恢复预备格斗姿势。

二、向后退步

在预备格斗姿势的基础上，后脚快速向后退步，前脚随即后撤，恢复预备格斗姿势。

三、向左侧移步

在预备格斗姿势的基础上，左脚快速向左移动，右脚随即向左跟进，恢复预备格斗姿势。

四、向右侧移步

在预备格斗姿势的基础上，右脚快速向右移动，左脚随即向右跟进，恢复预备格斗姿势。

五、连续前进

在预备格斗姿势的基础上，后脚迈向前脚位置。两脚即将相撞时，前脚向前跨出，恢复预备格斗姿势。

六、连续后退

在预备格斗姿势的基础上，前脚迈向后脚位置。两脚即将相撞时，后脚向后撤出，恢复预备格斗姿势。

五、训练方法

1.单独练习。练习者从场地一端移动到另一端，然后前后脚交换练习。

2.步法对练。你和训练伙伴面对面站立成预备格斗姿势，进行步法练习。伙伴前进你后退，伙伴后退你前进。伙伴向左移动，你向右移动。伙伴向右移动，你向左移动。始终与他相对，并保持格斗距离，还要转换角色进行练习。

第三节 徒手格斗术攻击手段

人体的许多部位都适合作为攻击武器。特种部队格斗术能教会受训者充分运用自己的身体武器，从头到脚去击溃敌人。

一、底掌猛推

靠近手腕的掌底骨骼与肌肉十分结实，全力击打时没有骨折的后顾之忧，而且攻击时可以充分利用体重来增加摧毁力。用底掌击打，使对手头部或脊椎受到重创，尤其是攻击下颌靠下的部位。通过击打下颌，对手的头部会猛地后仰，这不仅对他的脊椎形成了压力，而且可能会使他失去知觉或折断脖子。用底掌攻击对手面部，可使对手因为面部受到打击而无法看清目标，使他难以有效地实施攻击。如果对方的头部向后方移动的话，你就可以用手指戳击他的眼睛了。底掌主要攻击对手下颌（图3）、鼻梁（图4）、肾部、太阳穴等。当对手从正面抓握你时，只要你的一只手是自由的就可用底掌实施反击。

图3

图4

二、掌沿劈打

掌沿又叫手刀，劈掌攻击时，手指伸直，四指并拢，拇指立起并把腕部锁定，用手沿带肉的部分进行劈打（图5~7）。在实施这种技术时，你可以用从肘部到小指的任何部位攻击对方。施用劈掌时你与目标的方位是交叉的，所以，你不必像用直拳攻击对方一样去够对方，这样成功的机会就会大增。劈掌主要攻击目标为颈动脉（图8）、头侧、腹肋、喉结、锁骨等。

图5

图6

图7

三、抽打耳光

抽打耳光在街头打斗中非常流行，而且这一技术通常是在双方争执的过程中突然实施，往往使对方猝不及防。耳光击打的目标是耳朵或腮部（图9）。它可以击穿对手耳膜，甚至使对手耳内出血，精神恍惚，重则造成对手脑震荡。如果重击对手腮部，可以将对手打倒在地。打耳光的主要优点是攻击范围大。根据打斗情形的不同，既可以在近距离内进行摆击，也可以在中等或更大距离内进行抽打，而且在进攻过程中不需变换手的角度。既可以用单手进行抽打，还可以双手同时合拍对手双耳（图10）。

图8

图9

图10

图11

四、戳指

用指头戳击敌人的眼睛是非常实用的格斗技术。戳指基本动作和直拳相同，只需将拳变成掌指去戳击对手的眼睛。戳击既可用“矛手”操作（图11），也可用爪形手实施（图12）。

由于戳指攻击的特殊性，在发出戳指动作时，不要使用蛮力，努力加快攻击速度并提高准确性，出手快捷而隐蔽，做到出手不见其去，回手不见其来，使对手猝不及防。

图12

图13

图14

五、直拳

前手直拳，又叫刺拳，首先摆出格斗预备姿势，伸出左拳直接击打对方，完成这个动作时左肩向前旋转（图13、14）。

前手直拳虽然非常流行，但其在自卫格斗中的时效性却很差。它的击打力量很小，在街头打斗中，如果使用前手直拳进行攻击的话，你可能会激怒你的敌人。前手直拳一般不能重击对手，但它可以为踢击、摔投、窒息或者冲撞做好准备工作。前手直拳可以攻击下颌（图15）、鼻子等部位。

图15

后手直拳，是用右手直接击打对方，同时还要用上躯干旋转的力量，拳头接触目标的一瞬间，将你的右侧腰部向前扭动（图16、17）。

图16

图17

图18

后手直拳实施时腰部扭动幅度大，所以击打力量比较大。但是由于后手直拳距离目标较远，暴露的自身空当太多，容易被对手防守反击，应该谨慎加以运用，只有在对方有明显漏洞时才能使用。后手直拳打击的目标是鼻子、下颌、咽喉、腮、胸部、腹部（图18）、肋骨等部位。

六、上勾拳

左上勾拳出击时，把右腿向左前方移动，稍微弯曲膝部，使自己正处于击打目标下方。出击时左拳向上勾击，接触目标时扭动拳头，使拳心对着自己这面，把左臂部向前向上沿出拳走向快速扭转（图19~21）。

图19

图20

图21

右上勾拳出击时，把右臀部向前向上沿出拳走向快速扭转，拳头接触目标瞬间，身体就随拳和臀部一起动，以获得最大攻击力量（图22~24）。

图22

图23

图24

上勾拳是近身格斗的进攻拳法，其拳法隐蔽性强、力量刚猛，在进攻当中有很大的突然性和杀伤力。上勾拳对付下潜抱摔的对手效果很好。实施上勾拳时，要采用屈膝沉身来降低重心以获得攻击角度，然后腿部发力，全身使劲，向上出拳，充分发挥体重优势。

七、摆拳

左摆拳从身后打出，击拳时把左臀部沿击拳方向快速扭动，左拳由体侧向前呈弧线发出，击打对手的头侧等部位（图25~27）。右摆拳属于重型拳法，出击时应该把全身重量都施展于击打上。击打时，左腿稍前跨，右拳从身后打出，同时把右臂部沿击拳方向快速扭转（图28~30）。

图25

图26

图27

图28

图29

图30

摆拳通常从外侧向内侧击打，在实施时充分利用了身体摇摆所产生的动能，手臂移动幅度大，因此极具冲击力。一旦击中对方要害，往往能够一招制敌。摆拳主要用于反击，有时候也可以用于突然袭击，或者在打出直拳后再续以摆拳重创对手。摆拳的作用是专门用来对付擅长左右两侧转移攻势的对手。摆拳击打目标是对手的颈、腮（图31）和下颌（图32）等部位。

图31

图32

八、拳侧砸击

拳侧是指握住拳头后手掌顶点与手腕间有肉的侧面，拳侧在近身格斗时是非常有效的武器。双方扭斗时，可猛摆小臂用拳侧打击对手太阳穴。如对方面部暴露，也可用拳侧摆击对方鼻子（图33）。打击对方脖子有可能一下子将对方击倒。另外，也可以用拳侧下砸对手锁骨（图34）。

图33

图34

图35

九、前踢

左腿前踢时，以左膝关节为轴，小腿借大腿向前提膝，由下向上像弹簧一样弹击，力达脚背或脚尖（图35~37）。右腿前踢时，以右膝关节为轴，小腿借大腿向前提膝，由下向上弹踢（图38~40）。

图36

图37

图38

图39

前踢的特点在于攻击角度狭小、隐蔽、连贯性强、收发自如。前踢不仅可以掩护其他腿招的进攻，也可以单独使用，而且连续快速，令对方防不胜防。前踢的攻击目标是对手的腹股沟（图41），由于脚尖细，力量集中，攻击这些部位容易奏效。但用此技的条件是必须与对手正面相峙，如果对手做出侧立的防卫姿势就不易成功。另外，在对手实施前踢时，可以抓住其腿用前踢攻击对手裆部（图42），以牙还牙。使用前踢时注意动作意图要隐蔽，尽量避免做多余动作。踢击速度要快，短促有力，以免被对手抓住而摔倒。

图40

图41

图42

十、侧踹腿

侧踹腿是用脚底从侧面攻击对方的腿法。左脚侧踹时，将左膝盖抬高到攻击目标的高度，紧接着将腿伸直攻击对手（图43~45）。右脚侧踹时，将右膝盖抬高到攻击目标的高度，然后将腿伸直攻击对手（图46~48）。侧踹的时候身体要倾斜，以防止出击的腿落下来。

图43

图44

图45

图46

图47

图48

图49

侧踹腿在实战格斗中力量稍显不足，而且在对手注意力集中时，难以直接发挥作用。在格斗比赛中很少有人能够用侧踹腿将对方击倒，但侧踹腿在实战场合并非毫无用处。侧踹腿最大的优点是速度快，可以从多个角度灵活地实施攻击。当你不得不与多个对手打斗时，若一名对手从后侧猛扑过来，你可用侧踹腿阻击对方。侧踹在打斗时主要攻击敌人的大腿、膝关节（图49）及胫骨。因胫骨皮薄肉少，如遭重踢可致使敌人因剧痛倒地。当对方用直拳攻击时，可直接用侧踹腿截击，后发先至，以攻制攻。

十一、前蹬腿

左蹬腿的动作要领是，提左膝，脚底向前，展髋伸腿蹬出，髋关节充分伸直，用脚掌（而不是脚尖）攻击对手（图50~52）。右蹬腿的动作要领是，右侧大腿抬高，脚底向前，将腿蹬向对手，把体重也运用到这条腿上以施加最大的力量（图53~55）。

图50

图51

图52

图53

图54

图55

前蹬腿在实战场合时常出现，因为这种攻击方法相对比较容易。前蹬腿是攻击速度、距离与威力兼备的快招腿法。前蹬腿的主要攻击目标是对手的腹股沟（图56）、膝部等部位。如果实施得当的话，前蹬腿可将对手蹬倒在地。前蹬腿既可用于重创对手，也可用于遏制对手攻势，保持一定距离，不让对手靠近自己（图57），还可以截击对手的腿攻，当对手企图用腿踢击时，可迅速蹬击其腿部（图58），连消带打。

图56

图57

图58

十二、扫腿

左扫腿的动作要领是，将左膝抬高至体侧，以右腿为轴，快速以脚面踢击对方（图59~61）。右扫腿的动作要领是，将右膝抬高至体侧，以左腿为轴。旋转时，甩动右腿，快速以脚面踢击对方，击打时用力扭动臀部（图62~64）。

图59

图60

图61

图62

图63

扫踢是竞技比赛的骨干腿法，尤其是泰拳比赛几乎成了扫踢的较量。扫踢亦是实战格斗的主要腿法。它攻守兼备，主要攻击对手腿部，如踢中腿部就会使对手小腿痉挛，行动困难。如踢中膝关节，能将对手踢倒，重则使对手骨折。扫踢也可用于防卫，当对方逼近欲攻，可用扫踢快速阻截，踢其身体，遏制其攻势。扫踢攻击的部位通常是对方的膝盖外侧（图65）、大腿内侧、大腿外侧（图66）、腹股沟。有时还可以攻击肋骨或者胃部。

图64

图65

图66

十三、肘关节攻击

左顶肘的动作要领是，把左肘甩到胸前，紧接着用肘尖瞄准目标，直线戳击（图67、68）。右顶肘的动作要领是，右脚上步，把右肘甩到胸前，紧接着用肘尖瞄准对手，直线戳击（图69、70）。

左摆肘的动作要领是，左肘与肩同高，与地面平行；身体右转，左肘以短弧线向对手面部摆击（图71~73）。右摆肘的动作要领是，右肘与肩同高，与地面平行；身体左转，右肘以短弧线向对手面部摆击（图74~76）。

图67

图68

图69

图70

图71

图72

图73

图74

图75

图76

左撬肘的技术与上勾拳基本相同。其动作要领是，提肩用左肘尖由下向上方挑击（图77~79）。右撬肘的动作要领是，提肩用右肘尖由下向上方挑击（图80、81）。

图77

图78

图79

左砸肘的动作要领是，抬左肘与额同高，顺势以肘自上而下朝目标砸击(图82~84)。右砸肘的动作要领是，抬右肘与额同高，顺势以肘自上而下朝目标砸击（图85~87)。

图80

图81

图82

图83

图84

图85

肘系尺骨、桡骨与肱骨三骨的集中点，非常坚硬，打击面积小，作用力相对较大，击中后容易重创对手。肘招的攻击部位是敌人的腮部、眉角、鼻梁、下颌、咽喉、心窝等部位。用肘攻击面部通常可以击破对手的鼻子或使其皮肤裂开，因而武术界有“肘过如刀”之说。使用时可用一手控制对方，用另一肘撞击对方头面部（图88）。当对手欲抱住你的腿时，用肘下砸对手后背（图89、90）。当对手从后面对你实施搂抱时，可用肘部向后撞击对手腰肋。肘不但用于攻击，还可用来防守对手的进攻。若对手以直拳攻击你的面部时，你可将肘尖向前，使对方的拳头打在肘尖上，致对手拳头受伤。

图86

图87

图88

图89

图90

十四、膝关节攻击

左膝撞击的动作要领是，以右腿支撑，抬起左腿，以左膝尖向上猛撞（图91、92）。右膝撞击的动作要领是，以左腿支撑，抬起右腿，以右膝尖向上猛撞（图93、94）。

图91

图92

图93

图94

图95

在实战格斗中，膝关节撞击的实用价值和威力极高。膝撞击法速度快、力量大，一般是近身缠斗的秘密武器。用膝可撞击对手的大腿、臀部、膝关节的侧面、尾骨、腹部或腹股沟（图95）。膝部向上撞击腹股沟，是一项既容易实施又很有效的技术，施用时箍住对手的脖颈，迅速猛抬膝盖。当对方低头企图实施抱腿摔技法时，用膝盖撞击其胸部或者头部（图96、97）。用膝撞击对方头部时，可拽其头部迎撞你的膝关节。

图96

图97

十五、抓发

抓发是实战打斗中非常实用的技法，在各国的军队格斗教范中都有揪发制敌战术。为了防备抓发，从职业性质上讲，常有搏杀机会的军人、警察应避免蓄长发。格斗时，抓住对手头发后就要抓紧，并向前拽，迅速用手掌劈击对方脖颈，同时用膝盖撞击其面门。如果敌人头发较长，可把头发缠在手里，向对方右手外侧扭绞，转到斜后方以后，将对方拉倒，用拳头猛砸其面部。

十六、抠抓

不要一提到抠抓就认为是女人的专利，实际上，它是自卫中可以信赖的一种利器。抠抓是格斗实战的一个侧面，却没有任何门派的武术吸纳它，大概是认为它太女人气或是孩子气，不像男子汉所为吧！但是和戳一样，抠抓产生的效果是“疼痛反应收缩”，常常导致被掐拧者门户大开，至少也会使对手短时间分神，从而为你实施别的招法反击提供宝贵的时机。在和对手搂抱缠斗时，你出其不意地用指甲抓对方的面部（图98），定会导致对手皮破血流，或者泪流满面，从而影响对方的视线，并且扰乱对手的情绪。然后，你再施以别的招法猛击对手。当你和对手近身扭斗时，可以用双手拇指戳击对手鼻子下部（图99），或者用拇指挤压对手耳根部位。当对手将你压在身下，紧紧搂抱时，可将食指插入对方嘴角用力后拉。当你的生命受到威胁，两手尚能活动时，你可以用拇指抠其眼睛（图100）。抠其眼睛的方法很可能造成对方终身残疾，因此不到万不得已不要使用。

图98

图99

图100

十七、头撞

头骨是人体最坚硬的骨头，如果恰当运用将是一件非常有力的武器。通常头部攻击的位置是发际线附近的部位（头部最坚硬的部位）。头撞通常被用于突袭或与直拳组合使用。当对手从前面抱紧你时，你可以猛地向前倾身，之后顺势把头部也向前倾，用前额猛撞敌人的鼻子（图101）、眼睛或下颌等柔软的部位。当你被对手从身后抱紧，上体难以动弹，此时可将头微屈，突然挺颈后顶，用头后部撞击对方鼻子（图102）。向后撞击这一招配合跺脚、抓臂等动作，效果更佳。如果双方贴身扭斗，你的前额又恰好处于敌人胸前处，此时你可利用头顶向上猛抬撞击敌人（图103、104），效果绝佳。

图101

图102

图103

图104

图105

十八、嘴咬

当你被对手的手臂紧紧控制住而难以动弹时，嘴恰恰是自由的，此时，你要用牙齿去撕咬对手的皮肉，别难为情。我们谈论的是生存问题，如果你不这样做，那么你有可能就没命了。撕咬的最佳部位是对手的肩部（图105）、鼻子、耳朵、颈部。在菲律宾武术中，专门有一套牙齿撕咬技术，这套技术由144种连续不断的咬人技术组成。用牙撕咬时，你要在抓住对手的前提下再开始撕咬。如果你抓不住对手，对手就会推开你。当你咬到对手时还要猛撕。

第四节　徒手格斗术基本防御策略

无论面对什么样的对手，首先要做的事情就是尽力确保自己不被击中。如果你能明确这一点，通过训练来提高自己的防御技术是较容易的。最好的防御战术就是移动，你可以躲闪袭击，脱离对手的打击范围，还可以争取足够的时间掏出武器，应对接下来的攻击。

一、防守技术

1.抓握

抓握技术是由一位叫吉米·威尔德的拳手传出来的。抓握专门用来防守直拳，尤其是防守前手直拳。其要点就是头部的躲闪与手的动作同步，否则，对手可能穿过你手部的位置击中你的头部。

站好格斗预备姿势，当对手以直拳攻击的时候，你就用手掌去抓握他的拳，就像抓握垒球一样。抓握的手应该在面部前10~15厘米处。不要用手阻截击来的拳头使其停止，而是应该把手作为一个富有弹性的缓冲器来吸收拳头冲击的能量，同时头部要向后稍微躲闪一点儿。在抓握的防守之后，可用前手直拳进行反击。

2.雅氏科尔格挡法

一位名叫吉姆·雅氏科尔的拳手创造了一种实用高效的拳击防守技术，因此就以他的名字来命名。这种防守技术就是将手臂伸向进攻手臂的内侧，格挡对手的攻击手臂。这种防守方法既能防守对手的直拳，也能防守摆拳、抡拳，非常实用。

当对手以左直拳或摆拳攻击你的胸腹时，你将你的右手臂稍微下垂，手向右下方伸进。当对手以右直拳或摆拳攻击你的胸腹时，你将你的左手臂稍微下垂，手向左下方伸进（图106）。当对手以左直拳或摆拳攻击你的头部时，你将你的右手臂稍微上抬，手向右上方伸进（图107）。当对手以右直拳或摆拳攻击你的头部时，你将你的左手臂稍微上抬，手向左上方伸进（图108）。

图106

图107

图108

图109

运用骓氏科尔格挡法的诀窍就是一定要将自己的身体向对手压过去，用你的头狠狠地撞击对手。

3.盾形防守

盾形防守是对付不测事件时所使用的一种自救式防守。当遭受对手突如其来的打击，防卫者没有时间阻截或逃脱时，可采取盾形防守姿势。

防守姿势一：降低身体重心，两脚分开，比格斗预备姿势稍宽些，两手握拳，拳头向上，保护头部。肘部架起放到肋部，身体绷紧，保护身体要害。头冲下，眼睛向上看，把下颌埋在胸中（图109）。抵挡住对手几记击打之后，你可以向外跨出一个角度，然后用勾拳击打对手的肋部或下颌。

防守姿势二：降低身体重心，两脚分开，比格斗预备姿势稍宽些，两手握拳，两手臂放在身前，肘部对准敌人。前手臂护住头部，后手臂护住身体，使两只手臂看起来就像要抱住自己一样。下颌下压，眼睛向上看（图110、111）。防守之后迅速反击。

图110

图111

二、防守技术训练方案

1.以格斗预备姿势站立，想象对手攻击你，你快速移动到一侧躲避袭击。

2.向假想的对手发出攻击，然后脱离他的攻击范围。

3.与训练伙伴配合进行抓握技术训练。练习该防守技术，开始要放慢速度，用单拳攻击。熟练后，就用组合直拳和佯攻进行训练。随着你的技术不断完善，逐步过渡到实战练习。

4.与训练伙伴配合进行雏氏科尔格挡法训练。让训练伙伴站在你的前方以任意拳法进行击打。在你能熟练地防守任意冲拳后，让训练伙伴用两到三个动作的组合进行攻击．开始要放慢速度，并配上相应的步伐前移，很快你就能让伙伴进行全力攻击。

第五节　美国特种部队格斗术培训

徒手格斗术是一项基本的技能，是所有特种兵培训项目的一部分。它能使士兵们逐渐获得勇气和自信，获得在被胁迫下仍能保持注意力的能力。在技术水平上，你永远都不能自满，常用的技能必须练到本能的程度。徒手格斗术训练的秘密就在于不断地练习。

一、美国特种部队格斗教官须知

（一）教官

教官必须具备良好的身体素质，并能掌握教材中讲解的所有动作；无论何时何地都要热情积极、精力充沛，要有调动士兵积极性的领导能力。他必须有一些助教，能严格地监督训练活动，并讲解、示范难度较大的动作。

（二）一般的安全措施

1.严格而不间断地监督所有训练活动，不能疏忽大意、放任自流。

2.训练前应进行详细的讲解和示范。

3.在教官讲解和示范动作之前，不能让学员试做动作，以免发生意外事故。

4.在学习和巩固技术阶段，要假想面对敌人时做反攻动作，以便使受训者按教程所讲的方法完成标准动作。

5.要有宽敞的训练场地。两人对练的场地宽度和长度均不得小于2.5米。

6.学员的口袋里不能装任何物件，训练前，应取下贵重物品、金属证章或眼镜等。

（三）特殊的安全措施

1.易伤部位

应告诫学员在训练活动的初期，只能轻轻地击打易伤部位。随着学员格斗技能的不断提高，逐渐增强击打力量，但不能过分用力，以免伤到同伴。

2.倒地、摔跤和擒拿

（1）在训练擒拿动作时，要提前给学员规定一个停止扼压动作的信号。尤其在进行扼喉训练时，所有学员都应该知道这个信号。信号可以用拍打对方来表示。

(2) 在开始练习之前，一定要让学员做好热身活动。

(3) 在练习摔跤之前，先教授倒地动作。

(4) 在学员熟练掌握擒拿技术之前，告诫他们在进行对练时动作一定要轻。

3.缴械

(1) 在训练夺刺刀的技巧时，步枪的刺刀一定要紧紧地套上刀鞘。

(2) 在讲授夺刺刀时，可用木棍或刀鞘来替代刺刀。

(3) 在训练徒手夺枪的技术时，告诫持枪的学员不能将手指扣在步枪或手枪的扳机护圈内。

二、美国特种部队格斗术要点

1.头脑清醒。在战斗中你必须保持思维能力，不能让恐惧或愤怒使自己的动作变形。

2.关注周围情况。进行徒手格斗时，你要注意周围的环境，比如看看身边是否有随手可得的器具用于打斗，或观察敌人是否有同伴伺机实施突袭。

3.下盘稳固。徒手格斗时，你必须保持很低的重心和稳固的下盘。

4.占优势的身体位置。使用打斗技术之前，你必须抢先占据并维持一个占优势的身体位置。可以用步法来威逼敌人，抢占攻击敌人的有利位置，把敌人置于打击范围内，为自己攻击创造良机。

5.距离。在格斗中，打斗双方的距离总是在不停地变动着，你必须及时地利用步法来调整自己和对手之间的距离以控制战斗局面。

6.身体平衡。你应该理解以下两种平衡：其一，如何加强和保持自身的平衡；其二，如何在格斗中使对手失去平衡。步法和灵敏性是平衡的关键因素。

7.杠杆作用。打斗时，要利用你或对手身体的某一部分作为杠杆来使对手处于十分不利的位置。

8.技术尽量简单。你所依赖的格斗技术一定不要太花哨，动作应该选择最基本的。换句话说，你的第一步和第二步技巧应该在紧张、野蛮的格斗中或忍受痛苦中，甚至有时是在情况难以预料的条件下发挥作用。打斗时依赖本能的反应和直觉去完成动作。

9.实战训练要对付动态攻击。与训练馆里不同，在战场，与你打斗的人不会消极地站在那里让你攻击。你可以采取很多不同的攻防动作。很多格斗术培训班都教学员如何从背后的紧紧搂抱中挣脱出来，这是一个没有按照动态因素进行训练的最好例子。如果你被这种方式所袭击，敌人不会像陪练那样站在那里不动。他要么向前扭倒你，要么从后面把你撞倒在地。你需要根据当时的实际情况进行防守反击，尽量使用你所知道的在该情况下应该采用的技术，并留意它们是如何起作用的。

10.以小搏大。你的技巧要对一个比你更高大更强壮的对手起作用。如果你的格斗技术实用性不强，对手仅仅用他的身体挤压、冲撞或者摔打就能化解你的防御。你需要知道对于这种人什么起作用，什么不起作用。因此你不应该尝试与敌人直接比较力量。通过使敌人的攻击落空就可以用优势的技巧和格斗策略战胜身高体壮的敌人。

11.做好对抗武器的准备。在战场，敌人经常使用匕首、刀具等武器攻击你。如果遇到对手持有武器的话，你的解决方法必须迅速、简单并且灵活。即使你练过格斗术，你也没有把握战胜有武器的对手。因而，你要么在对手掏出武器之前就撤离，要么迅速将对手打昏或打死，否则，你受害的可能性会较大。

12.做好以一敌众的准备。以一敌众的关键是以智取胜，强调逃避而不是蛮干。你需要做的是分散敌人的注意力，创造逃脱机会。尽管很多格斗家喜欢训练在无法逃脱的情形下如何格斗，但事实上走投无路的情形是很少见的。除非你被困在一个狭窄的死胡同里，前面有多人进行堵截。你所要做的就是为自己打开一个缺口，冲出包围圈，并以最快的速度逃离。

13.格斗技术要在各种地形和环境中起作用。士兵要身着整套军装在不同的天气里进行格斗训练，还要在狭小的过道、楼梯口、山坡、沙滩、沼泽地、马路等复杂的地形上进行格斗训练。因为在复杂的地形上完成格斗动作与在垫子上是截然不同的。

三、美国特种部队格斗术训练内容

（一）打击的基本技术

砸拳、刀斧手、底掌、前手拳、后手拳、交叉拳、摆拳、指关节攻击、抽打耳光、手指抠抓、前踢、踏踢、蹬踢、横踢、肘关节攻击、膝关节攻击、头撞、嘴咬等。

（二）攻击人体要害部位

人体要害部位包括身体许多部位和穴位，如头、颈、胸腔、心脏、腹部、裆部、太阳穴等等，运用随手可得的器具攻击敌人的要害部位。

（三）倒功

右侧倒地、左侧倒地、后倒地。

（四）摔打

臀部顶摔、臀部转动顶摔、过头摔、绊腿摔、由后摔、臀部顶摔变化、臀部转动顶摔变化、背后锁喉摔打。

（五）擒拿

正面卡喉、揪领卡喉、双手呈剪刀形揪领卡喉、别臂按头、扼背、背后锁喉、双臂擒拿等。

（六）反擒拿

解脱卡喉、身体被按在墙壁时的破解双手正面卡喉、解脱正面臂上箍抱、解脱正面抱腰、解脱双手抓单腕、解脱抓两腕、解脱由后单臂锁喉、解脱由后连臂箍抱、解脱由后臂下箍抱等。

（七）持刀攻击

持刀方法、攻击姿势、姿势变化、正面刀攻、由后刀攻。

（八）夺刺刀

破解突刺、破解冲刺。

（九）夺枪

正面夺步枪、背后夺步枪、正面夺手枪、对付背后手枪、对付颈后手枪、协助同伴夺枪。

（十）夺刀

破解上刺、破解下刺、应付谨慎接近之敌。

（十一）摸哨

掰钢盔折脖、用钢盔击头、用绳索或铁丝单手勒颈、用绳索或铁丝双手勒颈、用钝器击打脊梁将敌打晕、用利器杀敌、用自制器具制敌、由后摔、背后勒喉、匕首刺肾、匕首刺颈、匕首割喉。

四、美国特种部队格斗技术训练方法

进攻技术的训练是技击的主体，目的是为了加强进攻能力。要掌握好进攻技术，就要有良好的单式技法的基础，要有良好的驾驭四肢和保持身体平衡的能力，要有良好的战术意识。其训练方式与别的格斗术大同小异。

（一）慢速、快速重复练习

慢速练习适用于习练者学习新动作。训练时先练习基本的掌指法、拳法、腿法、肘法、膝法的单一打法，先采用慢速度练习，不应过分追求动作的用力，重点体会揣摩基本技法的路线和力点，边练习边检查，观察动作是否平衡、姿势是否正确、发力是否到位。掌握动作要领后，再加快速度进行训练。

（二）结合步法和身法练习

技术动作熟练后，则根据实战的需要结合相应的身法与步法进行训练，使技术动作与实战紧密结合。

（三）想象实战练习

练习空击时，假想与对手打斗，想象对手的变化，从而做出突袭、闪躲等动作。练习时想象要真切合理，如同实战，同时动作配合要有章法，亦攻亦守，精神集中。

（四）固定靶的练习

这是一种利用沙包、吊袋、靶垫等练习器材作为击打目标的练习。击打悬挂沙袋是格斗重点训练项目，能改进技术，协调动作，加快击打速度，提高准确性，保持身体平衡等。击打固定靶垫是在相对固定的距离下进行的一种练习，它是提高力度和耐力的一个重要手段。击打时教练或陪练持靶与习练者保持一定的距离，让习练者原地训练基本技法，教练或陪练持靶不动，随时提醒和指导习练者的技术动作。

美国海军陆战队在进行攻击固定靶训练

（五）击打模拟人

击打模拟人的训练是学员提高打斗能力的重要途径。模拟人与真人外形相似，亦有头面、手臂、腿部等。击打模拟人时，重点击打的部位是眼睛、鼻梁、下颌、咽喉、腹腔神经丛、膝盖、裆部等要害。

（六）“喂靶”练习

“喂靶”，即通常所讲的打活动靶。它是由教练或同伴使用靶垫作为活动目标，带引学员击打，帮助其训练的一种手段。此练习对于提高各种技法的准确性、机动性、灵敏性和力量有极大帮助。训练时教练可任意引导学员向各部位击打，并不断报以干扰、回击，使学员在击靶的同时养成严密守护自己的习惯。

美军击打靶垫训练

（七）模拟仿真实战练习

进行模拟实战时，为了避免意外的发生，陪练身着防护服，防护服将所有的要害部位都保护起来，尤其是头部、膝盖、脚等部位都覆盖着厚厚的保护层，来分解和缓冲击打力。习练者可以全力高速地打击对方的要害部位。

美国海军陆战队进行实战对练

若想使所学到的格斗技术确实有实用价值，近身格斗术必须在真实的环境中进行格斗训练。士兵学习的格斗技术大部分将在复杂的环境中使用，因为大部分攻击和打斗将在那里发生。在复杂环境中的训练能使学员从中受到启发，从而帮助其轻松应对真实打斗时的各种状况。

美军在水中进行格斗训练

五、美国特种部队格斗技术考核

格斗技能的考核不像体能、射击等科目成绩可以用秒、米、环等来精确评定。美国特种部队多年来一直在探索并获得了一些格斗技术训练考核方法。美国特种部队的电子沙袋可以测出特战队员击打的速度、力度、密度，从而对格斗训练的效果进行科学的评定。美国特种部队用多种等级的考核方法对特战队员的格斗技能进行评定，达到什么等级的标准就授予什么级别，对每一级的训练时间、训练内容、训练效果提出具体要求，达到特定水平就可以升级。这样做不仅能较好地评价特战队员的格斗技能水平，让每个队员对自己的格斗技术心中有数，还可以激发队员的训练热情，从而找出差距，进行针对性训练，对提高格斗技能水平起到很好的推进作用。

（一）美国特种部队格斗术训练等级区分

美国特种部队格斗体系分成褐带、灰带、绿带、棕带及黑带，其中绿带、棕带及黑带可以考教官资格。美国特种部队用作训服腰带颜色来区分格斗技能等级，腰带颜色有五种：

1.褐色：士兵基础级；

2.灰色：高级士兵级；

3.绿色：教官与士官级；

4.棕色：高级教官级；

5.黑色：教官导师级。

（二）美国特种部队格斗术体系的等级达标

1.褐带

（1）褐带的培训时间

每一个刚刚加入特种部队的士兵，需要进行至少27个小时的格斗培训，才能达到褐带级别。在这一阶段培训中，不但要训练队员的心态、体能、纪律，士官长还要观察队员在受到压力时的反应。新兵在训练褐带的50个基本技术时，要能够熟练其中的百分之八十后才能达到褐带的要求。

（2）褐带的培训内容

○基本站立格斗姿势；

○护身倒地的技巧；

○基本的拳法：直拳、勾拳、摆拳，击打要有力量，速度要快；

○基本上半身攻击：挖眼、拳击、肘关节攻击、头撞等；

○基本下半身攻击：蹬踢、踩踏、膝关节攻击等；

○基本的刺枪动作；

○基本绞技、投摔；

○对拳攻、腿攻、擒拿、扼颈等攻击的防守反击技术；

○擒获术；

○基本的匕首攻击技术；

○利用身边的器物进行打击的技巧。

2.灰带

(1) 灰带的培训时间

褐带的课程考核通过后，再进行至少25个小时的技术训练，才能有资格取得灰带的段位。每一个黑豹突击队队员必须通过灰带资格的考核。

(2) 灰带的培训内容

○刺枪制敌技巧；

○中级上半身攻击：劈掌、肘击等技术；

○中级下半身攻击：快速实施蹬踢、膝关节攻击、踩踏等技术；

○中级绞技：反关节技术、摔投技术；

○对拳法、掌指法、腿脚攻、控制技法的防御反击；

○中级擒获技；

○中级匕首攻击技术，使攻击动作更加熟练；

○基本地面格斗术；

○基本警棍攻防术；

○中级随机武器的应用。

3.绿带

(1) 绿带培训时间

灰带的课程考核通过后，再进行至少25.5个小时的技术训练，才能有资格取得绿带的段位。

(2) 绿带的培训内容

○训练技术重点从防御性技术转移到反击技术；

○中级刺枪技术；

○肌肉敏感点的抓拿技术；

○中级头部控制技术、反关节技术、摔投技术；

○进一步提高对拳法、掌指法、腿脚攻、控制技法的防御反击；

○徒手控制技术；

○非致命警棍术应用；

○高级随机武器的应用。

4.棕带

(1) 棕带的培训时间

绿带的课程考核通过后，再进行至少33.5个小时的技术训练，才能有资格取得棕带的段位。在完成棕带的课程并通过考核后，学员便有了教官资格，可以教导新的海豹队员进行褐带培训的技术内容。

(2) 棕带的培训内容

○高级刺枪技巧；

○高级地面格斗术、绞技；

○高级摔法；

○徒手对抗器械的攻击；

○枪械的保护技术；

○缴械技术；

○高级匕首格斗术；

○高级非致命警棍格斗术。

5.黑带一段

(1) 黑带一段培训时间

棕带的课程考核通过后，再进行至少40.75个小时的技术训练，才能有资格取得黑带的段位。

(2) 黑带一段的培训内容

○高级刺枪格斗术；

○高级掐窒与头部锁定技术、控制技术、摔法；

○高级地面格斗技术；

○徒手对枪的防御反击技术；

○高级上半身攻击：先发制人、组合狂攻；

○强化匕首格斗术；

○穴位的攻击和控制技术；

6.黑带二段

(1) 黑带二段的培训要求

根据士兵的战场需要进一步强化专项格斗技能。

(2) 黑带二段的培训内容

○强化格斗技术，形成自己专长的格斗技术，提高技术运用的能力；

○强化刺枪对刺枪的能力；

○强化匕首对刺枪的能力；

○强化徒手对刺枪的能力。

7.更高的段位

更高的段位还有黑带三段、黑带四段等等。但是，这些段位不再只是技术上的鉴定，而是对士兵在格斗领域取得成就的认可。比如士兵在格斗比赛取得好名次，比如士兵著书立说等等。

六、美国特种部队常用的徒手格斗招数

1.与敌人打斗时，用拳头虚晃佯攻，当敌人防守手部动作时，突然用脚踢击对方腹股沟。

2.与敌人近身扭斗时，双手抓住敌人脖子向下扳按，同时用膝盖猛撞其胸部或面部。

3.与敌人近身扭斗时，当敌人的注意力集中于上部时，用膝盖猛撞敌人胯下。

4.与敌人打斗时，敌人施以前踢技法攻击，你绕到其攻击腿侧面，紧接着抓住敌人的脚腕，将其腿向上掀，然后一脚踢向敌人胯下，将其踢倒，再用脚踩踏敌人的要害。

5.敌人用双手抓住你的衣领，你将双手插进敌人两臂之间突然向上举，接着再用脚踢击敌人的腹股沟或腿部。

6.敌人在身后用双手从你腋下向上插，并将双手置于你后颈，十指紧扣，往下压迫你头部，同时向上抬你手臂。你身体弯下，然后用头部向后猛撞敌人的面部，完成解脱，再实施别的技法反击敌人。

7.敌人从身后用手臂勒住你的脖子，你可用肘部向后猛烈撞击敌人的肋骨。

8.被敌人从后面抱住腰部，你可用头猛击敌人面部，趁敌人中招反应迟滞之际，向后退步，让敌人的脚出现在你的两脚之间。抓住敌人的脚猛抬，使敌人后仰倒地，接着用脚狠狠踩踏敌人裆部。

9.被敌人从后面锁住喉部时，你可创造出攻击空间，用脚后跟攻击敌人裆部，或用脚跟向后踢击敌人胫骨，也可以用脚跟猛踏敌人的脚背。

10.与敌人贴身扭斗时，用双手夹住敌人的后颈，用前额猛烈撞击其面部。

11.当敌人抓住你的头发，你迅速抓住其手腕，然后用脚踢击其腿部。

12.你与敌人近身格斗时，一手抓住其头发，另一手抓住其手腕，将其拖到地上，然后用拳头猛烈砸击其面部。

13.与敌人打斗时，用左手抓住敌人的头发向自己拉近，紧接着用右掌劈打敌人后颈，然后用膝盖猛烈撞击敌人面部，再用掌底猛击敌人下颌或鼻子，将其击倒。

14.敌人从后面紧紧抱住你时，你可用双手抓住敌人的一个手腕用力反扭，使敌人松手。然后迅速转身，将敌人的手臂扭到背后，制服敌人。

15.敌人从前面用双手掐住你的脖子，你可迅速将自己的右手压在敌人的左臂上。然后向右转身，用左臂及全身体重下压敌人的双臂，如果敌人还不松手，迅速以左肘顶撞敌人的面部。

16.一手抓住敌人手腕，另一手抓住敌人肩部，将其肩部下压，同时将其手腕向上扭拧。

17.若被敌人一手抓肩，一手抓手腕，试图将手臂扭到你背后时，你可迅速拉开两人之间的距离，紧接着用脚猛踢敌人的裆部或膝盖。

18.敌人用右直拳猛击你的面部，你可以斜进步移动到左侧，同时在里侧用小臂格挡防守，随即左臂用力缠锁敌人右臂，再用右掌砍击或用力抵住其头、颈部，左手臂继续保持对敌人右臂的控制，右手用力抓住敌人的头颈将其向下猛力按压，同时以膝盖猛力撞击敌人腹股沟或面部。

19.敌人以右腿蹬踢你的腹股沟，你后撤右脚，身体右移，用左肘阻击敌人的右大腿外侧，在敌人右腿落地瞬间，以右肘猛击敌人面部。然后，再以左肘猛击敌人头侧，趁敌人中招发懵之际，用双手抓住其肩部附近的衣服，猛力将敌人身体向你膝部扳按，同时用膝盖猛力撞击敌人面门。

20.敌人在身后将你的腰部连同手臂紧紧抱住，你晃动胳膊，并顺势快速下蹲使身体挣脱敌人的搂抱。然后你以右脚别绊敌人左腿，身体右后转，顺势将敌人摔倒在地，制服敌人。

21.敌人从后面抱住你的腰部，你可用右肘、左肘连续向后猛击敌人的头部，将敌人打懵或分散其注意力后，迅速弯下身体，抓住敌人离自己最近的那一条腿，向前翻滚。敌人失去平衡，只能跟着滚动。倒地之后，敌人的膝关节已经被控制住，然后以反关节用力扳折，将其制服。

22.从敌人的身后靠近，将右臂猛地绕过其脖子和咽喉，用左手抓住自己的右手，用两只手的合力向后猛勒敌人的喉部，并且尽力将其向后拖，尽量将其拖倒在地。

23.正面抱住敌人的腰部后使劲搬动其背部，将头贴在其胸前向前压上去，同时用右腿缠住敌人的左腿，使其失去重心而倒地。此招被美国海军陆战队称为“收割”。

第三章 美国特种部队徒手制敌防身术

第一节 主动打击

如果打斗在所难免，美国特种部队格斗术提倡在格斗开始时就应该积极争取主动，把进攻作为最好的防守。所以你一定要做到先发制人，在对手尚未来得及反应时结束战斗，将其制服。但街头防卫格斗通常都会涉及法律问题，首先攻击的权利必须建立在对方即将对你实施暴力基础之上。

在日常生活中，尽量避免暴力冲突非常重要，但很多时候暴力事件还是在所难免，比如歹徒靠近你和你说话，然后铁了心想要收拾你。在这种情况下，你没有机会避免遭受对方的暴力攻击，因为对方在向你逼近时已经下定决心要进行攻击了。这时你应该尽可能地通过语言缓和冲突，并做好攻击准备。你必须在对方发起攻击之前就发动抢攻，因为，虽然对方暂时还没有大打出手，那是因为他还没有做好充分的准备，他需要调整距离以便于实施攻击。此时，你要通过你的语言麻痹对方，使对手觉得自己已经控制了局面，而你暗中做好主动出击的准备。当对手继续向你靠近时，你突然出手攻击，这样可使对手猝不及防，遭受重击。

一、训练方案

1.假想空击。想象你遇见敌人，突然实施打击，使对手猝不及防。

2.击打沙袋练习。击打时要领悟如何调动全身力量，发挥体重优势。练习时要将注意力集中在击打上。

3.攻击训练伙伴。训练伙伴戴着安全护目镜，你对伙伴进行各种攻击。

4.训练伙伴向你靠近时，你突然实施打击。

5.重点训练你最擅长的徒手攻击技术，要记住始终保持移动。

二、应用举要

1.对方欲逼近攻击我，我双手上举，并以语言吸引对方注意力。趁对方没有防备时，我用左手快速扫击对方的眼睛，紧接着，我再用右手以摆拳攻击对方面部（图112、113）。

图112

图113

图114

图115

2.对方向我靠近，我双手摊开，并以语言安抚对方。趁对方没有防备时，突然用右耳光抽打对手面部，接着，再用左手摆拳猛烈攻击对手面部，最后我再以右直拳猛击对手面部。将对手打懵后我则可以借机脱离现场（图114~116）。

图116

3.对方向我靠近，我上举双手以向对方发出并不想发生暴力冲突的意图。若对方执意要大打出手，我以左脚前踢其裆部，趁其中招弯腰之际，我快速用双手控制住对手的面部，用两手拇指插入对方的眼睛（图117、118）。

图117

图118

4.当对手向我靠近时，我用左手快速扫击对方的右眼。这种技术可以为我创造有利的战机，因此我可以用右底掌猛烈推击对方的下颌（图119、120）。

图119

图120

5.对方威胁要收拾我，然后欲从衣兜里掏出武器，我迅速前冲并且抓住对方的手臂阻止他掏出武器，然后用头部猛烈撞击对方面部，并且将其摔倒在地，最后我用脚猛踩其手臂，然后逃离现场（图121~123）。

图121

图122

图123

6.我忽然以左手爪形掌戳击对手眼睛。这种技术有利于为随后更大力度的打击打开缺口。因此，我可再用右直拳猛烈攻击对手的面部（图124、125）。

图124

图125

第二节　抵抗对手的打击

事实上，在士兵的职业生涯里，受到攻击的概率非常大。防止别人突袭最好的方式就是与别人保持一定的安全距离。遇到敌人时最好的策略就是先下手为强。但事实上常常却是事与愿违，因为敌人也可能先发制人，而且常常出其不意。这时就需要你运用良好的防御反击技能去收拾对手了。

最好的防御战术是移动。通过移动，你可以躲避攻击，脱离对手的攻击范围。当遭受对手出乎意料的打击时，你来不及躲避时，可采取盾形防守姿势，然后实施反击。

美国海豹突击队教官保罗·维那克对于防守技术提出以下建议："将你的一只手臂弯曲，你的手接触到你的肩膀。而此时，你的肘就会又尖又硬。当对方用拳头攻击你的面部时，把你的肘部置于你的面前，这样对方的拳头撞击到你的肘部时就会受伤。当对方欲以脚踢击你的腹股沟时，你将腿部弯曲，让你的脚跟尽量接触你的臀部。当对方腿脚踢来时，摆动你的膝盖遮护你的腹股沟，让对方踢来的腿撞上你的膝盖。一旦对方的手或者脚受伤，你就可以运用手法、肘膝实施反击或者使用降服技术，或者脱离现场。"

一、训练方案

1.假想空练。想象对手的攻击方式，然后采用闪躲、格挡、抓握等手段防御其攻击，紧接着实施反击。

2.站着不动让伙伴靠近你，运用拳脚攻击你，你采取相应的防御反击方法。在训练时，训练伙伴动作要慢。放慢动作的训练不但可以避免发生伤害事故，还可以使你看清楚对方是怎样运用技术攻击的。一旦你掌握了慢动作的训练要领，就逐渐加快攻击与防御反击的速度。

3.和同伴练习各种拳脚袭击动作的防御反击方法。在练习过程中，你能体会，只要自己应对得当，对手就难以打击到你。

二、应用举要

1.我与对手打斗，对手以右直拳攻击我的头部，我以左手格挡对手来拳，同时用右摆拳攻击其头部，然后用左手臂将对手头颈部缠锁在腋下，窒息对手（图126~129）。

图126

图127

图128

图129

2.我与对手打斗，对方以左直拳攻击我的头部，我沉身躲闪，同时以左手直拳攻击对手的腹部，紧接着，我上步到对方外侧，并且控制对方颈后侧，然后以左膝攻击对方的腹股沟（图130、131）。

图130

图131

3.我与对手打斗，对手以右摆拳攻击我的头部，我俯身潜闪，同时以右直拳攻击对手的腹部，然后起身以左摆拳猛击对手的头部（图132、133）。

图132

图133

4.我与对手打斗，对手以右直拳攻我的面部，我以左手格挡并擒抓其手腕，以右直拳猛击对手的面部。趁对手中招反应迟滞之际，我快速用双手控制对手颈部，并下压，以右膝猛烈顶撞对手的裆部（图134~136）。

图134

图135

图136

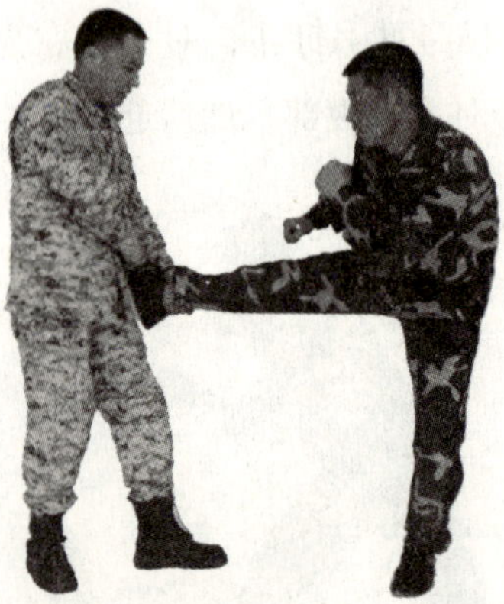
图137

5.我与对手发生冲突，对方主动进攻时，我与其保持中等距离，对手以右脚前踢我的腹股沟，我后退同时抓住对手的脚腕，迅速以左脚弹踢对手的裆部，然后将对手掀翻在地，用右脚踩踏对手的要害部位（图137~141）。

图138

图139

图140

图141

图142

6.我与对手打斗，对手凶猛前冲，以左直拳攻击我的面部，我直接以左脚猛力踹击对手的腿部，紧接着再以右扫腿猛踢对手的腰肋部（图142、143）。

图143

图144

7.我与对手打斗，对手以右摆拳攻我的面部，我以左臂格挡防守，同时以右脚弹踢对手的裆部。踢完后右脚落地，以左脚踢击对手的膝关节，最后以右摆拳猛烈攻击对手的面部（图144~146）。

图145

图146

8.我与对手打斗，对方以右脚扫踢我的腰肋部，我立即用左手向上勾住对方的踝关节并缠抱对方的腿部，然后，右脚上步于对手支撑腿后绊别其支撑腿将其摔倒，然后用脚踩踏对手（图147、148）。

图147

图148

9.我与对手打斗，对手以左直拳攻击我的头部，我以右臂格挡，然后抓住对手双肩用头撞击对手的面部，接着控制对手颈部，同时以右膝猛撞对手的腹股沟（图149~151）。

图149

图150

图151

10.我与对手打斗，对手欲起右腿攻击瞬间，我抢先以左脚蹬击对手的右大腿根部，紧接着以左右摆拳猛击对手的面部（图152~154）。

图152

图153

图154

11.我与对手打斗，对手以右直拳攻击我的面部，我用左手挡住对手右拳的进攻，以右底掌猛击对手的下颌。趁其中招反应迟滞之际，我以右脚插至对手右脚外侧并向后别绊，将对手摔倒在地，再用脚踩踏对手的手臂，然后离开现场（图155~158）。

图155

图156

图157

图158

第三节 徒手锁定和勒脖

在实际格斗中，打斗双方都在快速移动时，想将对手锁住是很难的。在肾上腺素的作用下，一些擒拿高手采用的锁法也会变得不可靠。在MMA中你看到的锁法运用是有前提的，选手运用锁法时不必担心对手攻击他的要害部位。而在实际格斗中，你的擒拿动作稍微缓慢一些，都有可能被对手攻击你的裆部或眼睛等要害部位。

一般而言，格斗时尽量不要使用锁法，因为对手时刻在注意你。但是，有时候锁法还是可以被有效地运用，且必须在快速的前提下，在极短的时间内突然转换攻击方式。只有当你发现瞬间机会时，才可实施锁法。这将取决于动作的过程和能量，如果开始时不用这种方法进行训练，那么你将无法运用它。

一、手指的锁定

指关节最容易锁定。十指连心，一旦被擒拿，疼痛难忍，牵动全身。手指关节是由短小的指骨连接而成的。它的活动范围较小，易于前屈，如果使其伸直再用力向后扳或向两侧拧动，很容易造成脱臼或骨折。应用锁指技术能够使站着的对手失去平衡，无力反抗，或者使对手倒地。当你折压、扭拧对手手指时，出于自护本能对手往往要顺势移向身体的反方向来减轻疼痛。这时就很容易牵制对手，使他的身体随着被控制的那只手的变化而变化。如果想要对手倒地，只需改变角度和力度，对手就会顺势倒下，而不倒的代价是——指关节韧带撕裂或脱臼。

手指的锁定技术大多数用于被对手控制的时候。如果对手从身后抱住你，企图摔倒你时，你可抓住其一根手指猛折就能迫使其松手。如果对手抓住你的衣领时，你可以抓住对方的手指用力扳折。

二、手臂的锁定

当对手伸出手臂（例如伸手推你或出手进行防守等）时，锁臂将是一个很好的制敌方法。你可用距离对手较近的手抓住他的手腕，再用另一手直接抓住他肘部以上的胳膊。如果对手身强体壮，不要试图将他拉向你，这是徒劳的。靠近对手，抓住他伸向你的手臂，然后用另一只手的手掌向下拍按，并向前发力，压迫对手的肘部，使其形成反关节状态，牢牢控制他的手臂。值得注意的是，不要认为只凭蛮力就可以将对手摔倒在地，而是要利用一些人体力学技巧。锁住对手的肘部，用体重下压，将其脸部朝下压到地面，这样可以使对方难以反抗。一旦将对手压到地面，继续对其肘部施加压力，并迅速把他被控制的手臂向上抬起。当对手被制服后，扭转其肘部，将其弯曲到合适的位置。在做这一动作时你应该跪在对手身上，加强控制。用一个膝盖抵住对手的头，另一个膝盖抵住其肘部，从而约束和固定住对方的身体，防止他翻身挣脱。

三、扭转头部

扭头的技法较为实用。实施扭头这一技术动作时，需要用一只手抓住对手的下颌，另一只手抓住他的后脑，转动对手的头部，致使其重伤。也可以用扭头的方法将其摔倒。这个招法的原理是“头转向哪里，身体就转向哪里”。扭头是一种简单实用的方法，但是必须抓住对手的头部，否则不可能奏效。人们都有保护头部的本能，所以如果你直接把手伸向对手的头部，他可能会拦截或推开你的手臂。因此你要使用巧妙的战略战术，才能使此技术奏效。你可以通过抓住对手的一只手或胳膊来吸引其注意力。他会立即抽出手并打击你，你要快速躲避他的攻击。在碰到对手的手后，将你的手伸向对手的下颌，并将另一只手按在他的后脑上。大多数人不会预料到这种移动的意图，也不会认为它是一种攻击的前奏。一旦你的双手到达位置，就可以扭转对手头部了。在扭转过程中，你可以将对手的头想象成旋转的篮球。

四、休克勒法

休克勒法也称裸绞或颈动脉勒，是从对手背后实施绞杀的招数。这种方法被美国大多数警局所取缔，因为警察在使用裸绞时经常闹出人命。

士兵从后面靠近敌人，用右手臂缠住敌人脖子，将右肘置于其下颌下面。左臂压在对手左肩上，右手指插进自己的左肘窝处。然后左前臂放在敌人头部后面，利用两臂挤压、圈扼敌人。

敌人失去平衡且颈部暴露的时候，才是士兵运用裸绞的机会。为了在施展裸绞前破坏敌人的身体平衡，士兵可以将对手的头发、衣领、衣服或者前额朝后拉，然后施展裸绞术。

休克勒法一般适用于从背后偷袭敌人。如果从前面实施的话还要使用巧妙的战术，士兵可以从侧面迅速冲向敌人，一只手击打敌人肩部，同时用另一只手抓住对方的另一个肩膀，一手拉一手推，使其背对自己，再实施裸绞。

五、训练方案

1.与训练伙伴对练，练习锁指的方法，以及把同伴拖倒在地的方法。

2.训练锁臂的技术动作。练习时，让你的伙伴弯曲肘部来对抗你。你用锁臂技术制服他。

3.直接对着训练伙伴的头部练习扭头技术，观察伙伴如何轻易挡住你的手。再尝试着将你的手伸到伙伴身体的中部，再次实施扭头动作。你也可以尝试接触对手身体的其他部位来分散其注意力，从而更容易握住他的头部。记住训练时要注意安全，避免伤害到伙伴。

4.与训练伙伴进行裸绞技术训练，在进行训练时要格外小心。练习裸绞时逐渐增加力量，直到对方认输为止。练习从前方、后方、侧面接近训练伙伴，实施裸绞。

5.上面的技术训练熟练后，让伙伴通过转向或是逃脱，来增加训练难度，让训练更加接近实战。

六、应用举要

1.敌人从后面抱住我的腰部，欲将我摔倒，我左手抓住敌人的一根指头或多根指头猛折，敌人疼痛难忍而松手，我再以右肘向后猛击敌人的面部（图159~162）。

图159

图160

图161

图162

图163

2.对手伸手抓住我的衣领，我迅速抓住对方手指将其向下折，并将其拖倒在地，然后施以别的招数制服敌人（图163~165）。

图164

图165

3.敌我打斗，当敌人以右拳攻击时，我用左手进行格挡，接着用右手抓住敌人右手腕下拉，左手抓住其左手腕上抬，使其两臂交叉。然后我以左掌攻击敌人面部，再以右掌猛击敌人下颌（图166~168）。

图166

图167

图168

图169

4.我悄悄靠近歹徒，用双手突然抓住歹徒手臂，左手抓住其左手腕，右手抓住其左肘，紧接着用左手扭拧其手腕，用右手向下猛拍，并向前发力，压迫歹徒的肘部，依靠体重将歹徒压倒在地，将其制服（图169~171）。

图170

图171

5.我与歹徒相向而行，当靠近歹徒时，突然用右手臂穿过歹徒的右肘部，左手顺势抓住歹徒右手腕，接着，身体右转，同时右手上抬再向下压，将歹徒锁定（图172~174）。

图172

图173

图174

6.敌我贴身近战时，我双手分别揪住对方两侧的衣领，然后右手揪住其衣领一侧压着喉咙向上抬、推，左手揪住其衣领一侧反方向朝下拉，勒扼敌人（图175、176）。

图175

图176

7.敌人用右直拳攻击我的面部，我向敌人右侧移动，同时绕到敌人身后，用右手臂缠住其咽喉，左臂上部压在其左肩上，将右手插进自己左臂肘关节内侧。紧接着，将左前臂置于敌人头后面，利用两臂挤压、勒住对方（图177~179）。

图177

图178

图179

第四节 应对抓拿搂抱的袭击

摆脱扼喉与搂抱是搏击中必备的技术，因为很多歹徒在偷袭被害人时都采用扼喉、捂嘴、拉扯、搂抱等方法。此时如果你不立即挣脱和反击只会被对方越勒越紧。拆解被敌人控制住的技术有很多，但要有效地使用这些技巧，需要了解敌人的姿势、平衡和力量的改变，采取适当的方法抵抗敌人。

一、应对抓握

当敌人抓住你的手腕、前臂等部位时，你可降低身体重心，将手臂抬起使手掌处于头部附近以起保护作用，掌心朝向你的面部，同时右脚向斜前方跨步。举起的手掌可以自动拧扭敌人的手腕，使你轻而易举地得以解脱。若他还不放手，你的迈步将使他失去平衡。这个技术很容易实施，但注意实施时要移动身体。如果你原地不动，就很难破坏敌人的平衡，而敌人也还可能会用后续招法来攻击你。

如果敌人抓住你的手腕，你也可以屈腿沉身，迅速将被抓的手臂向自身抽回。紧接着，从体侧出拳击打敌人胸腹部。

二、应对熊抱

当有人从身后将你牢牢抱住时，你迅速将右脚迈向左前方，或是将左脚迈向右前方，通过重心和向外向下的移动起到挣脱作用。若你运用这个技术时，对手一直紧紧抱住你不放，他就会面临被扭伤后背或被摔在地上的危险。

如果有人从前面将你的腰部连同手臂一齐抱住，你可向身后撤步，重心顺势下移。运用杠杆原理将对手手臂以下的身体撬起来。如果你的手臂没有被抱住，当你后撤步时，可以用靠外的一只手臂缠住对手的头部或颈部。简而言之，就是要在对手用力干扰你的移动时，起到反干扰作用。

在被搂抱时，牙咬、挖眼等手段将发挥出人意料的作用，可以使自卫者迅速解脱或进行反击。如果一只手被抓住，就应该用未被抓住的手直接攻击对手的眼睛或咽喉。令人惊讶的是，在所有经过精心设计用来对付抓握的众多方法中，用自由的手指戳击对手的颈动脉或眼睛的效果是最佳的。

三、应对锁颈

当有人用胳膊将你的颈部紧紧缠锁在其腋下时，你可用力晃动身体，并向斜前方跨步。向前的冲力，再加上你自身的体重，便可以破坏对手的平衡，迫使他松开夹紧的胳膊，为你的摆脱创造空间。当你向前迈步时注意把对手的肘部向前推，趁势让你的头部摆脱出来，然后移动身体，脱离其攻击范围，再反击对方。

当有人从前面用双手扼住你的喉部时，你迅速向一侧转身并向身旁迈开一步，便可摆脱。你也可以用手攻击对方。

如果有人从身后对你进行锁喉时，你应该向侧面跨出一步，同时降低自己的重心。需要注意的是，你跨出的脚应该与对手缠住喉咙的胳膊处于同一侧。一旦摆脱出来，立即与对手拉开距离，并掏出武器，干掉对方。

如果敌人从身后对你进行锁喉，并试图将你向后拖。你可以向斜后方迈出离敌人最近的那只脚，破坏其平衡。如果你还能通过屈膝降低自己的重心，这个动作的效果就会更佳，可以进一步破坏敌人的平衡。如果敌人还不放手，你还可以利用体重，以“大背跨”的方式将其摔倒。

若敌人从后面用前臂对你实施锁喉技法时，你应设法把喉结部位转到敌人胳膊内侧拐弯处，以免被窒息，然后迅速反击敌人。可采用脚踢敌人的胫骨，踩踏敌人的脚背，或用肘击敌人的肋骨等方法进行解脱。如果敌人从前面扼住你的喉部，你可用戳眼、膝撞裆等技法得以解脱。总之，要视敌人体态位置，随机应变、见机行事。

四、训练方案

1.训练伙伴靠近你，并试图抓住你，你迅速移动出其攻击范围。

2.与训练伙伴练习破解抓握、熊抱、锁颈和锁喉等动作的方法。

3.训练伙伴控制住你，你通过有效的步法和身法从他的攻击中挣脱出来。

五、应用举要

1.敌我近距离扭斗，敌人以右手攀住我的颈部，此时我的头部被控制在其下颌的正下方，我先用右手攻击敌人裆部，敌人受到攻击后右手有所松动。我迅速把腿直起来，用头顶向上扬撞击敌人下颌。趁敌人中招发懵之际，我身体下蹲，从前面捉住敌人的双腿向自己这边猛拽。我再以右脚踩踏敌人的裆部，将其击溃（图180~184）。

图180

图181

图182

图183

图184

图185

2.敌我近距离扭斗，敌人双手用力掐我的颈部，我突然下蹲，同时双手由下向上从敌臂内侧向外猛分，并迅速抓住其肩部或臂部用力下拉，同时用前额由下往上猛撞其下颌或脸部，趁其中招反应迟滞之际，我再以右摆肘攻击敌人的面部（图185~189）。

图186

图187

图188

图189

图190

3.敌我近距离扭斗，敌人从前面搂住我，我可用牙齿撕咬敌人的鼻子，然后，用左手虎口推击敌人的脖子，再用右摆拳猛烈攻击敌人的头部（图190~192）。

图191

图192

4.敌我近距离扭斗，敌人从前面抱住我的腰部，我以双手拇指向上戳击敌人的鼻子下部，当敌人被这种既简单又易产生痛感的攻击方式搞得疼痛难忍而拉开距离时，我再用右摆拳猛击敌人的面部（图193~195）。

图193

图194

图195

5.敌我近距离扭斗，敌人从侧面用左手臂锁住我的头颈。我以右手向后推其下颌，左手上抬其腿。解除束缚后，即可控制敌人，将敌人摔倒在地，然后用脚踩踏敌人（图196~201）。

图196

图197

图198

图199

图200

图201

6.敌人从身后以压头技法扣锁住我的头颈部，我迅速以右脚跟向后猛力踢击敌人的小腿胫骨。趁敌人中招反应迟滞时，我迅速移动臀部，绕至敌人侧后方，以右脚绊别其左腿，使自己与敌人同时仰面倒地，而自己倒在敌人身上。倒下时趁势以右肘顶击其胸部（图202~205）。

图202

图203

图204

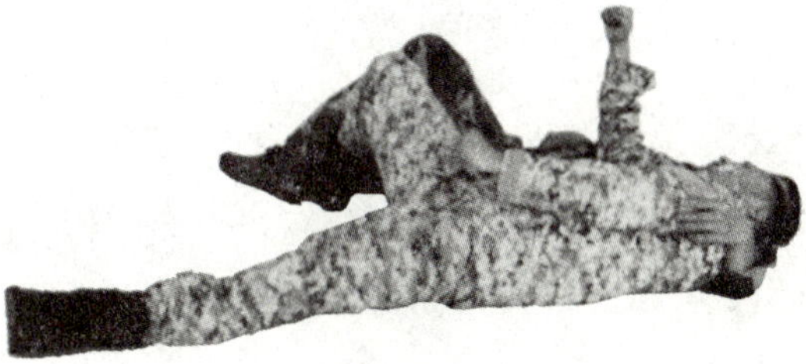
图205

7.敌我打斗，敌人俯身前冲，企图对我实施抱腰摔时，我立即勾住敌人的手臂，将体重全部施加到敌人的脑袋和身上，将敌人压于地上，制服敌人（图206~208）。

图206

图207

图208

8.敌人由我身后用右臂锁住我的喉咙，我以左手抓其右小臂向下拉，避免其用力紧箍而使自己产生窒息，再以右拳向后用力击打其裆部，敌人松手后，我再用右拳猛击敌人的下颌（图209~211）。

图209

图210

9.敌人突然以双手扼住我的颈部，我立即用右手猛扫敌人手臂，然后用右掌沿反劈其面部。当敌人受击后退时，我再用右脚侧踹其膝关节（图212~215）。

图211

图212

图213

图214

图215

10.敌我近距离扭斗，当敌人从前面突然抱住我的腰部欲实施抱腰摔法，我迅速将左脚后撤半步，双腿略屈，防止被敌人摔倒，右手向下按其头部，左手由下向上扳其下颌，挫伤其颈部，使其呼吸困难，丧失格斗能力（图216、217）。

图216

图217

11.敌我近距离扭斗，敌人从前面用双手扼住我的脖子，我左手抓住其右臂，同时向逆时针方向转身，并举起右臂猛砸，接着上身回转，施右肘猛击敌人面门，敌人受击后退时，我再以右掌沿劈击其面部（图218~222）。

图218

图219

图220

图221

图222

12.敌人从后面以右臂锁住我的头部，我迅速用双手抓住敌人的手臂，顺势扭身挣脱头部控制。紧接着，我将敌人右臂拉直，以右膝撞击敌人的肋部，将其摔倒在地（图223~225）。

图223

图224

图225

13.敌我近距离扭斗，敌人以右手抓住我的胸部，我迅速以左手按扣其右手背部，紧接着以右脚猛力踩踏其右脚背部，趁敌人中招反应迟滞时，我右脚上于其右脚后，右手搂住其脖颈，将其绊倒在地（图226~229）。

图226

图227

图228

图229

14.敌人从前面将我的腰部连同双臂一齐抱住，我身体迅速下潜，同时将右腿从敌人两腿间插入，双手臂搂抱其右大腿，肩顶住其腹部，将其仰面摔倒，然后，我骑在敌人身上将其制服（图230~232）。

图230

图231

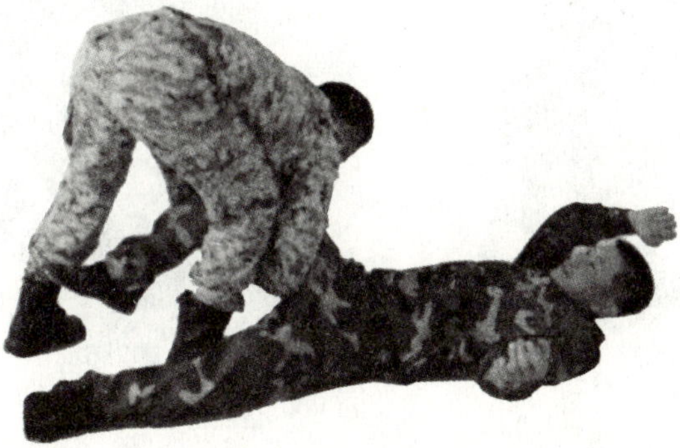

图232

15.敌我近距离扭斗，敌人以双手抓住我的肩部，我后撤右腿，同时双手由下向上、向外猛力分开其双手，然后双手臂顺势由上经外向内缠抱其双臂上提，挫伤其肘关节，紧接着，我再用头部猛烈撞击其面部（图233~236）。

图233

图234

图235

图236

16.敌人用右手抓住我的左肩，我以右手抓住敌人的右手，用左臂压缠住其右臂。接着用左脚踢击敌人的右膝，将敌人踢倒后，我趁机逃脱（图237~239）。

图237

图238

图239

17.敌我近距离扭斗，敌人从前面以右手抓住我的左肩，我迅速用右底掌猛击其鼻子，敌人受击后退瞬间，我用右脚迅速蹬踢其裆部（图240~242）。

图240

图241

图242

18.被敌人从后面抱住颈部或腰部时，要准确地判定敌人双腿的位置，如其双脚离自己很近，以脚跟猛踩其脚背，若感觉敌人双腿是叉开着的，可用脚跟向后上方猛踢其裆部。水平后踢可踢中对方胫骨（图243~246）。

图243

图244

图245

图246

19.敌我近距离扭斗，敌人用双手正面掐住我的脖子，我以两小臂内侧由外向内快速击打其肘部，再以两小臂向下压其肘关节，锁定其双臂，迫使其弯腰，我再用右膝猛力撞击其腹部或裆部（图247~250）。

图247

图248

图249

图250

20.敌我近距离扭斗，敌人用右臂缠锁住我的颈部。我以右拳猛击敌人的裆部，同时以左手指抠抓其面部，紧接着右手伸于其右膝窝后快速上提，将其抱起摔于地上（图251~255）。

图251

图252

图253

图254

图255

21.敌人从前面将我腰部与双手一齐抱住，我以右脚猛踩其前脚，然后狠狠撕咬其左肩部。接着，我再用前额猛撞其面部，趁其受击发懵之际，我再用右拳攻击其面部（图256~259）。

图256

图257

图258

图259

第五节　摔投技术

摔法是指在格斗中用于破坏对方重心，并将其摔倒在地的技法。摔法是格斗术中重要的一环，其技术极为丰富。大量格斗战例表明，如能成功运用一些摔法，将会在打斗中起到举足轻重的作用，有时甚至能决定一场打斗的胜败。

一、双腿抱摔

实施双腿抱摔时，用你的左右直拳攻击对手的面部，可令对手重心移到后腿上或者失去平衡，或造成对手产生错觉，迫使对手暴露出防御上的空当和破绽。然后接近对手，弓腰下蹲，双手从外侧抱住对方双膝后方，头部靠于对方体侧，用蹬腿、展腹之力将对方抱起向后抛出，使对方越过你的肩部，翻身摔于你的身后（图260~264）。

图260

图261

图262

图263

图264

二、抓腿摔投

实施抓腿方式的摔法动作之前，先应试用一些可以使对手注意力分散或反应迟滞的攻击方式，诸如用前臂攻击其鼻子或用头部撞击其鼻梁边缘等方法。一旦对手被击倒地，那就由你任意处置了。实施投摔技术前使对手攻防能力下降的一个绝佳方法就是，用头部撞击对手的面部，随即，当对手受击发懵时，从前面抱住其双腿拉抽，将其摔倒（图265~267）。你也可以从后面抱住对手的双腿，将其摔倒在地（图268、269）。

图265

图266

图267

图268

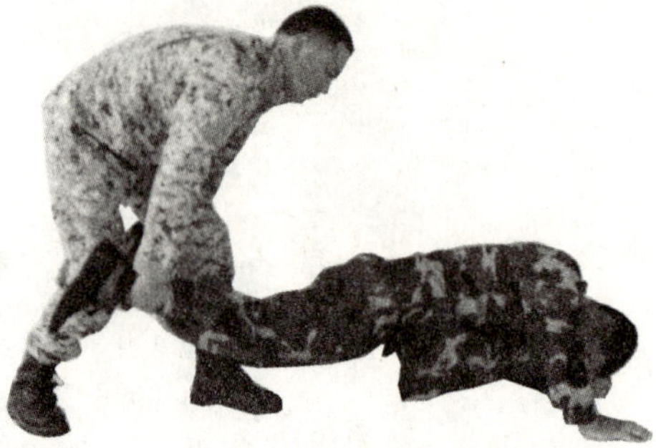

图269

实施抓腿摔前也可用拳攻击对手的面部，趁对手防守后仰时或者对手以拳攻你身体上方时，你在用左臂格挡后，迅速下潜，双手抱住对手膝关节；同时，用肩向前顶靠，将其摔倒在地。

三、单腿抱摔

实施单腿抱摔时，用你的前手刺拳攻击对手的面部，可令对手重心移到后腿上或者失去平衡，或造成对手产生错觉，迫使对手暴露出防御上的空当和破绽。然后，左脚踏于对方右脚内侧，同时俯身，右手向外抱其左小腿，左手推其胸部，将其摔倒在地（图270~272）。

图270

图271

图272

图273

四、防踢抱腿摔

对方出左腿攻来，你用右手抱其左小腿夹于自己身体右侧，左脚顺势插于对手右脚后，身体侧对对手，然后将左脚向左后方摆动，绊对手右腿，左臂从右上方向左下方压对手颈部，将其向后摔倒（图273~275）。

图274

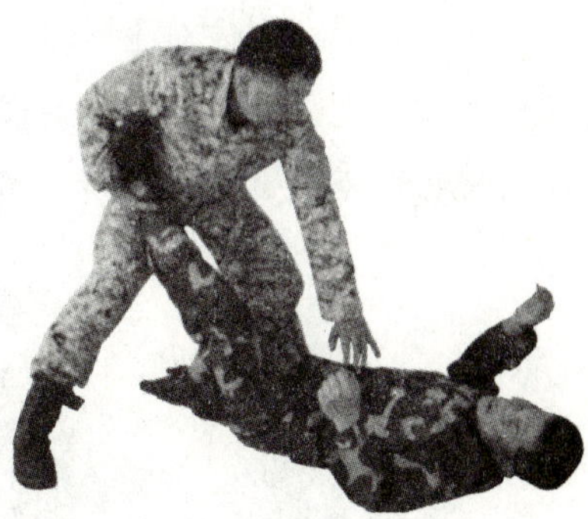

图275

五、抱腰压摔

抱腰压摔可以说是一种非专业的摔法，没有练习过格斗术的人有时也会使用这种技术。主动实施抱腰摔法时，先用前手刺拳开路（图276），然后低头弓腰快速冲向对手，双手抱住其腰，使劲搬动其背部，将头贴在对手胸前，并向对手身上压上去，直接将其按倒在地（图277）。然后，骑在对手身上，猛击对手，将其制服在地。抱住对手腰部后，你既可以将其摔倒在地，也可以将其冲撞到一些障碍物上，如墙壁、栏杆、机动车、桌子、树木，或者任何能撞伤对手的物体上，然后再以身体近程武器猛烈打击对手。

图276

图277

六、抱腰别摔

抱腰别摔在街头打斗中出现的频率较高。施技时，先用前手刺拳开路，然后突然逼近对手，抱住对手腰部后使劲搬动其背部，将头贴在对手胸前，并向对手身上压上去，同时用你的右脚缠住其左腿，使其失去重心而倒于地面，然后再施展猛烈攻击，将其制服（图278~280）。

图278

图279

七、搂腰顶臀摔

图280

以左手掌根猛顶对手右肩并揪抓其衣服，以左脚为轴向左转180度，同时右臂搂住对手腰部，双臂将对手拉向自己的右臀部，使其悬空。然后用臀部猛顶对手腰部，同时向前俯身，并用双手往下猛拉其双手，将其摔倒在地（图281~284）。

图281

图282

图283

图284

你必须确保自己双脚在对手两脚之间，臀部紧顶在对手腹股沟处，屈膝，以爆发力将其从自己臀部上快速摔投出去。

八、搂腰转臂顶摔

以左手掌根猛顶对手右肩并揪抓其衣服，右脚跨步到对手身后，同时右臂搂住对手腰部，双方臀部相对，双臂将对手拉向自己的右臀部，使其悬空。然后以左肘夹住对手右臂，以右臀为支点将对手摔倒在地（图285~289）。

图285

图286

图287

图288

图289

九、顶臂过肩摔

以左手掌根猛顶对手右肩并揪抓其衣服，把对手向自己方向拉拽使其失去重心，以左脚为轴向左转180度靠近对手，同时以右手抓住对手右肩，双臂将对手腰部拉向自己的右臀部，右脚位于对手右脚之前并稍靠外侧。用臀部猛顶对手腰部，同时向前俯身，并用双手往下猛拉对手手臂将其扛在肩上，随即快捷凶猛地把对手从自己右肩上摔投出去（图290~293）。

图290

图291

图292

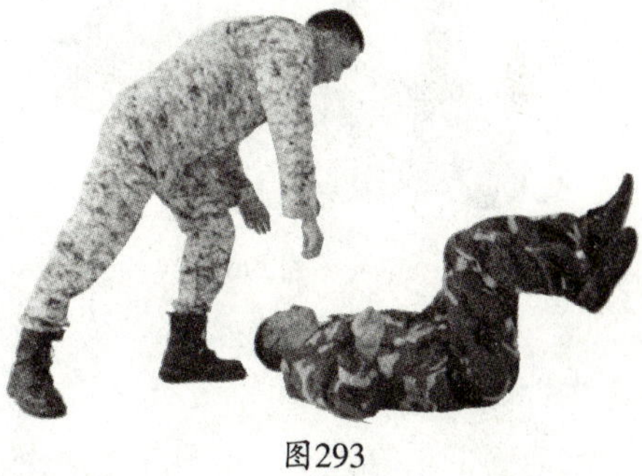
图293

实施这种摔法之前向对手裆部施于踢击效果更佳。这种摔法一般用于对抗对手用手紧紧抓住自己身体的锁制，或用于对抗脖子上的锁定及对抗来自背后的攻击。

十、绊腿摔

左脚前跨至对手右脚外侧，迅速以双手掌根猛顶对手双肩并揪抓其衣服。

身体前移，重心移至左脚，同时右腿向前摆并向后方踢去，用小腿击打对手右小腿。在后踢腿的同时，双手猛推对手的肩部，将其摔倒在地（图294~296）。

图294

图295

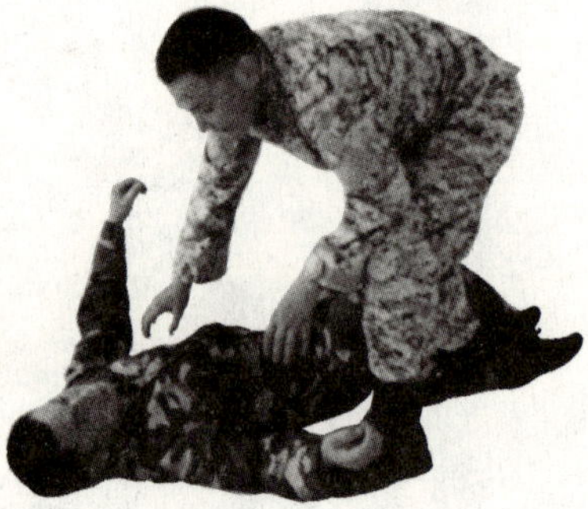

图296

图297

十一、由后蹬膝摔

由后面悄悄靠近对手，用右脚蹬踹对手的膝窝，同时用双手抓住对手双肩并向后拉，使对手失衡后仰倒地（图297~299）。

图298

图299

第六节 倒地后的攻防策略

如果你希望在摔倒之后还能幸存下来，最好的方法就是不要倒在地上。你应该尽量避免倒在地上进行格斗，不管是主动的，还是被动的，因为那是一种很危险的情形。在那种情况下，你很难观察到对手的手部动作，而且你的武器也很容易被夺走。

人们要问："难道擒摔比不上打拳吗？"很多人都认为摔跤术在实战中非常实用。为了说明情况，需要阅读国际格斗术联合会主席布拉德·斯坦教授给他同事的一封信的摘要。

"在第二次世界大战期间，除了杰克·德姆赛外，实际上在美国、加拿大、法国、英国等国的军队中，每个从事单一的徒手和近身格斗教学的教员都有高超的摔跤、柔道、柔术等令人生畏的武技背景。但是他们每个人都故意减少、降低和不重视格斗，却赞成基本的、简单的击打。而那些学员却是要去准备战斗的男人，为什么？好！你认为是为什么？像帕特（德莫特）奥尼尔、威廉·埃沃特·费尔班克斯等一些专家是那时在世界上获得柔道（柔术）黑带的第一批白人，他们分别是黑带五段和黑带二段。在第二次世界大战前，当费尔班克斯还是上海警察局的专员时，就亲自参加了超过600次的生死遭遇战（武装的和徒手的），难道你认为他们不明白什么是真正格斗所必需的吗？"

美国军事情报训练中心负责近身格斗训练的前主任雷克斯上校也同样认为："与摔跤相比，击打应该永远是被优先选择使用的方法。"雷克斯上校在战斗中积累了丰富的经验，并为战略服务办公室（后来改为中央情报局）培训了超过一万名军事和情报人员。

在格斗中，应该尽力防止被对手摔倒在地。如果对手抓住你欲施展摔技，应该怎样应付呢？首先不要慌乱，运用合适的防护姿势，控制好自己的重心。如果对手抓住你，并试图用腿绊倒你，你可保持移动，让他不能得逞。如果对手已经抱住你，想依靠体重摔倒你，你可顺着对手的发力方向，向旁边跨步，借着对手的惯性将其摔倒。

如果你真的不幸被对手摔倒在地，首先应该做的就是避免在倒地时伤到自己。俯身倒地时，尽量扩大身体与地面的接触面积，手掌和小臂形成稳固的三角形，确保腹股沟不会受到撞击，面部扭向侧面，防止鼻子撞击地面。后仰倒地时，将冲击力分散到肩胛骨区，同时抬起头部，防止后脑撞击地面。侧身倒地时，用身体一侧的腰、腿着地，防止脊柱和头部撞击地面。

如果你已经倒地，就必须想方设法尽快站起来。在这种情况下存在着两种可能发生的状况：一是你被摔倒，对手保持站立的姿势接近你，并发起攻击；二是对手骑在你身上与你缠斗。

让我们分别阐述一下这两种地面格斗术的诀窍：

一、你被摔倒，对手站立对你发起攻击

如果你被摔倒，你应该立即采用倒地防御姿势，让身体三点着地。这三点分别为支撑手、支撑前臂、同侧的臀部和腰部位置。双腿弯曲，双脚朝向对手，随时准备踢击。如果对手朝一侧移动，你可以以支撑手为中心随之旋转，双脚始终朝向对手。在地面上对站立的对手实施的防御技术都是不太可靠的，但是我们还要尽力而为。此种情况下，你可用一只脚勾住对手的前脚，然后用另一只脚蹬击对手的胫骨。或者每当对手靠近时，都向他的膝盖或裆部快速蹬踢，趁对手中招反应迟滞之时迅速站立起来。

二、对手骑在你身上与你缠斗

对手骑在你身上的姿势可能各种各样，你的目标却只有一个，那就是摆脱对方，站立起来将其制服。

在所有情况里最不幸的一种是你的面部朝下趴着，对手双腿分开跨坐在你的后背上，用拳头对你的后脑和后背轮番猛击。这时你应该尝试着创造出足够的空间，以便让自己把身体翻转过来，面朝对手。这个姿势也不怎么样，但起码比趴下要好些。

仰面被对手骑在身上的情况虽然同样很被动，但至少你的手臂可以用来防护。而且如果对手是以这样的姿势骑在你身上，你就有可能破坏他的平衡，将他从你的身上掀下来，再将其制服。

对手骑在你身上，双手分别抓住你的两个手腕，将你按在地上，形成稳固的四点平衡。你将双手滑向头顶并拢，破坏其平衡。接着你向一侧翻身，致使对手失去平衡。将其掀翻后，你得以解脱。

当对手骑坐在你的胸腹部，并试图出拳下砸你的头部时，你应该努力将头部向反方向偏离开。注意不仅要移动头部，整个身体都要移动。如果对手强壮有力，你只能移动身体的上半部分，但这就足够了。当你移动身体时，要上举手臂，紧靠在对手的身体上。例如，对手用右拳下砸你的头部，你的头部就要向左侧躲闪，同时上举右臂靠在对手右肩附近。紧接着，你的右臂开始向右侧发力，利用对手向下挥拳的惯性破坏他的平衡，将其掀翻。这个技巧的关键就是不要枉费心机地将对手抬起，或是将其身体向上推。这需要耗费很大的力气，而且收效甚微。你只要简单地扭动身体，手臂发力，就可以使对手失去平衡。

当对手骑在你身上，并用双手扼住你的脖子。你可以用一只手抓住其手腕，另一只手抓住同一条胳膊的肘部，然后身体配合扭动，以及手臂的推力，将对手掀翻。

当对手趴在你身上时，你可以双臂分别抓住其手臂，两条腿缠绕住其腰部，利用腰部和腿部的力量将其尽量拉近你，然后再猛地将其向后推开。当对手攻击你的时候，你也可以利用这个方法暂时把他从自己身边掀开，拉大距离使他够不到你。不过这仍然只是暂时的办法，还不能确保你免受伤害。因此，在推开对手之后，你应该迅速利用膝盖在自己和对手之间制造出足够的空间，然后用另一条腿踢击对手，接着两条腿交替踢击，直到你获得足够的空间，尽力站起来，制服对手，或选择逃离。

另外一种制造空间的方法，是通过徒手攻击破坏对手的平衡。如果你的一只手是自由的，最简单实用的方法就是戳击对手的眼睛，那就可以破坏对手的平衡，为你创造出足够的空间，并使你最终得到解脱。你也可以把一根手指戳进对手的眼窝。这样一来，你不但轻而易举地得到解脱，还能将其制服。

如果你的摆脱招式没有奏效，与对手陷入僵持状态时，你可以用双手护住头部，接着把腿伸到对手的两腿之间，用膝盖从后面全力撞击其尾椎骨，同时把手肘放在对手膝盖之间，通过翻身破坏其平衡。

当然，在这种情况下，你同样可以用手指戳击对手的眼睛，你还可以击打对手的裆部，也可以抓、攥和拧其生殖器。被对手压在身下的缠斗对你来说是最危险的处境，所以你也用不着讲什么规则，必须不择手段尽快解脱。

三、地面格斗训练方案

尽管下面讲述的训练方案是分条介绍的，但训练者在练习过程中尝试着把它们整合成一个整体，从而更真实地模拟格斗环境。练习时，要注意经常互换角色，从而获得更深刻的感性体验。

1.倒地动作要在软垫上练习，以保证安全。训练要由浅入深，循序渐进。

2.练习各种翻滚。

3.练习三点触地的倒地防御反击动作。

4.练习从地上快速站起的技能。

5.你俯身趴地，训练伙伴骑在你身上，练习本节介绍的解脱方法。

6.你仰面躺倒，让训练伙伴骑在你身上，对你实施拳击、掐扼等攻击，练习使用本节介绍的方法进行解脱。

四、地面格斗应用举要

1.敌人骑坐在我身上，将我双手腕按压于头部两侧。我双手伸向头顶并拢，破坏敌人的平衡。紧接着，我向一侧翻身，将敌人掀翻在地。然后起身踩踏敌人的要害部位，或骑在敌人身上将其制服（图300~305）。

图300

图301

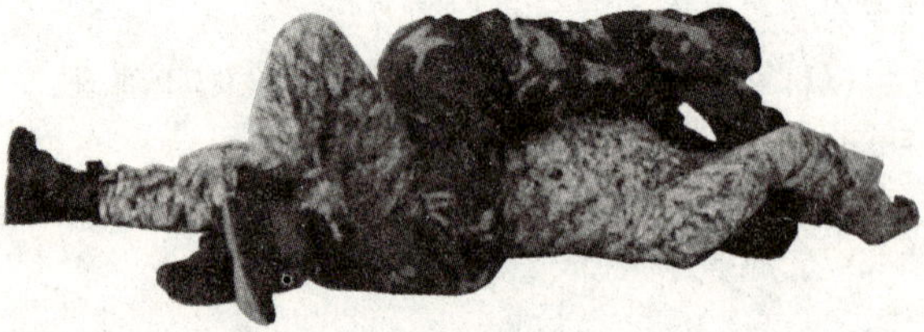

图302

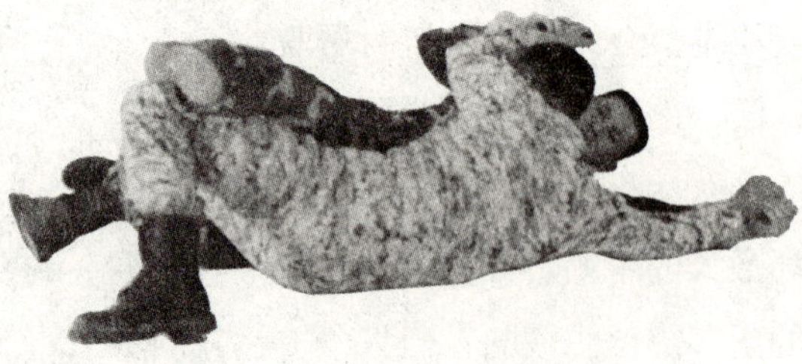

图303

图304

图305

图306

2.敌人趴在我身上，用双手掐扼我的喉部，我用双腿缠在敌人身上，使其向我靠近。我用右手抓住敌人下颌，左手抓住敌人后脑，双手用力拧扭敌人脖子，重创敌人（图 306~308）。

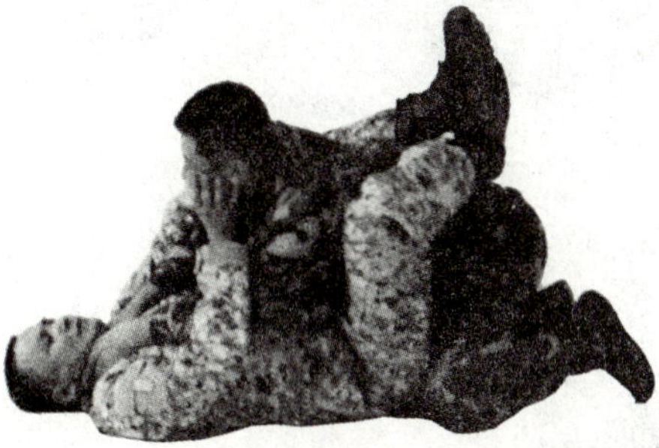

图307

图308

3.敌人骑坐在我身上，以右拳砸击我的头部。我头部向左闪避，同时伸出右手臂靠在敌人的右肩附近。紧接着，我用右臂掀推敌人右肩，身体向右扭动，使敌人失衡倒地。然后起身踩踏敌人的要害部位，或骑在敌人身上将其制服（图 309~311）。

图309

图310

图311

4.敌人骑坐在我身上，我将右臂伸到敌人的左腿下，并将其左腿抬起。紧接着用左手拉住敌人右手臂，将其掀翻在地，然后骑在敌人身上用拳猛击敌人的面部（图312~315）。

图312

图313

图314

图315

5.敌人在我身体右侧，用双手掐扼我的喉部。我抬起左腿，用左腿压住其颈部左侧，接着用大腿将敌人的头部夹于中间。趁敌人忙于挣脱时，我可抓住敌人的一根指头或多根指头将其狠狠扳折，然后再施以别的招数重创敌人（图316~318）。

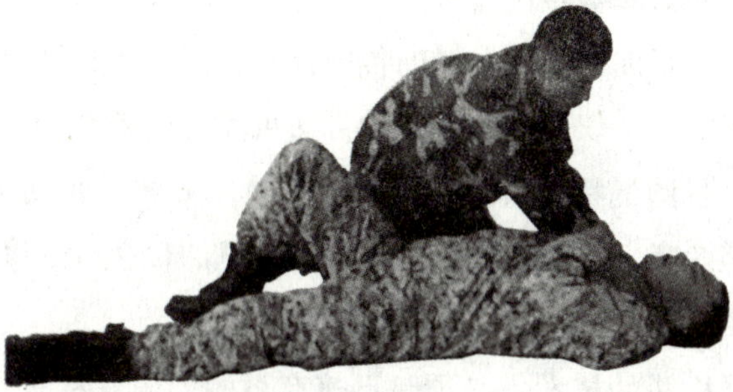

图316

图317

图318

第七节　徒手与持武器的敌人搏斗

一、与持枪的敌人搏斗

士兵必须掌握好徒手对抗枪械的各种技术，因为士兵被敌人用枪逼住的概率确实较大。事实上，仅有少数的几种方法可安全有效地用于对抗与持枪敌人的相峙。目前，各国的特种兵都在学习这些技术方法，包括美国的特种部队、德国第九国境警备队、法国的宪兵队国际支部队、以色列的摩萨德，以及英国特别空勤反恐人员等，因为这些技术确实较为实用。

与持枪械者格斗的技术，必须是迅速有效的，而且从军人尽职的角度讲，还应该在尽可能的条件下，在打斗结束时将枪支夺过来，用来杀掉敌人或使其丧失战斗力。

当敌人持枪顶住你时，你不应该仅仅用体力来对付他，还要用语言安抚他。军事格斗术强调运用欺骗手段。如果一个人用枪指着你的头部，你应该举起双手，假意顺从，以麻痹对方。同时，你应该告诉对方你可以给他任何东西。在与对方的语言交流过程中，你就可以迅速使用夺枪反击技术。在对方明白过来之前，他的手枪可能已经被你夺下，这样你就处于有利地位了。夺枪的关键是抓住扳机和靠近扳机的枪管（或是枪管底部），同时朝相反的方向迅速转体，躲开手枪的直射范围，然后采取毒招猛击对手。

1.枪顶头部时的防身术

当敌人持枪顶住士兵后脑时，士兵巧妙地站成防御预备姿势。屈膝沉身，保持灵活，举起双手以示屈服。然后以右脚为轴，迅速转身，面对敌人。同时左手甩摆过敌人持枪手臂的上方，并将其手臂紧紧地锁在自己左手臂与身体之间，然后用右摆肘猛击敌人的面部。接着，将右腿置于敌人右腿后进行扫绊，以右手掌同时击打敌人肩部，用腿绊手击的合力将敌人摔倒。在地上用毒招攻击其眼睛、咽喉等部位，重创敌人。

当敌人持枪顶住士兵太阳穴时，士兵巧妙地站成防御预备姿势。屈膝沉身，保持灵活。紧接着抬起左手，迅速抓住敌人的持枪手腕，将敌人的手腕锁定向下压，并将该臂向肘部扭转，之后再以一定角度拧转。士兵以右脚为轴转体180度，将敌人摔倒在地。在地上用毒招攻击其眼睛、咽喉等部位，重创敌人。

当敌人持枪顶住士兵前额时，士兵巧妙地站成防御预备姿势。屈膝沉身，保持灵活，举起双手以示屈服。紧接着，士兵用右手迅速地抓住敌人持枪的手腕，利用夹腕技术将其手压下，转向其肘部，顺势再将此手臂向一定角度拧转。在锁定其腕部的形势下，士兵回步将对手摔倒在地。在地上用毒招攻击其眼睛、咽喉、腹股沟等部位，重创敌人。

2.枪顶胸部时的防身术

当敌人持枪顶住士兵胸部时，士兵巧妙地站成防御预备姿势。突然向左前方迈出一步，左臂抬至敌人持枪手臂的肩部上方，用双手抓住其手腕，使其枪脱手。紧接着，士兵左腿踢出，将体重压在敌人的持枪手臂上，将其压倒在地。在地上用毒招攻击其眼睛、咽喉、腹股沟等部位，重创敌人。

3.背后有枪时的防身术

如果敌人从后面用手掌推挤士兵后背，而他的枪并没有接触士兵背部，只是枪口对着士兵臀部，士兵可采取大转身动作向外转动到敌人身后。紧接着用一手臂缠住敌人头部，用另一手擒住其手腕，令其失去平衡。

现在再以押解俘虏前行的场合为例。通常的情景是，押解俘虏者边走边向俘虏的背后戳击、催促，这种做法使押解俘虏之人有一种盛气凌人的气势。为了逃脱，士兵可以走曲线，可以将左脚以90度的角度向左跨出，突然转动身体，转到对方身后，将其制服。

4.抵抗长枪的防身术

敌人双手持长枪站在士兵身前进行威胁，士兵可迅速向前跨一步，冲到敌人侧面，用左手抓住其枪，并把它推到右边。右手将武器夹到自己右腋下。紧接着，用左手攻击敌人的面部、喉部或裆部。

5.训练方案

（1）假想空练。假想敌人手持枪械顶住自己的不同部位，自己防御后进行反击。

(2) 对练。训练伙伴用枪顶住你身体不同的部位，你防御后进行反击，训练从不同角度解除武器的方法。

(3) 训练长枪的缴械技巧。

6.应用举要

(1) 敌人右手持枪指住我的胸部，我立即以左手推抓敌人右手腕，同时迅速向左闪躲、避开手枪射击范围，左手在后拉敌人右腕的同时，以右手戳指攻击敌人眼睛，再用双手抓住敌人持枪手腕沿逆时针方向拧转，用右手将其手枪夺下，并用手枪砸击其头部（图319~323）。

图319

图320

图321

图322

图323

⑵ 敌人右手持枪抵住我的后背，我身体迅速向左后方拧转，并以左手将对方持枪手拨开。随即以左手控制住敌人右手腕，并以右手指戳击敌人眼睛，接着再用右肘撞击其面部（图324~327）。

图324

图325

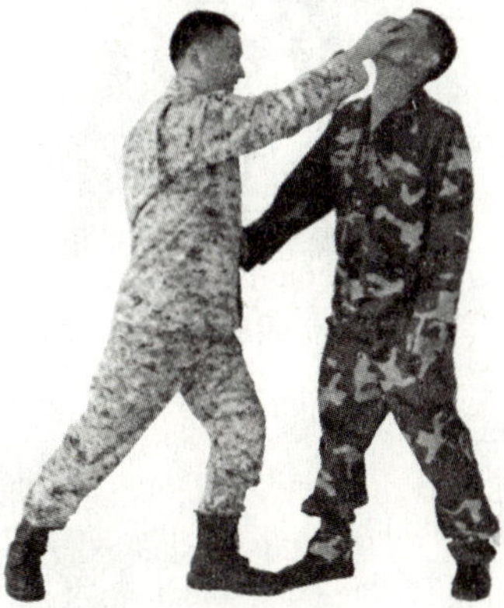

图326

图327

⑶ 敌人右手持枪顶住我的后背，我佯装投降，随即迅速向左后方转身，左手控制住敌人右手臂，上右步于敌人右腿后，以右底掌猛推敌人下颌，将敌人摔倒后，顺势夺下手枪，制服敌人（图328~332）。

图328

图329

图330

图331

(4) 敌人用枪指着我的头部，我将头部向旁边移开，同时用左手抓住敌人的手腕。接着，用右手抓住枪管，并且将手枪从敌人手中夺下。然后我用左底掌推击敌人下颌。敌人受击后，与我拉开距离，我再用枪来控制敌人（图333~338）。

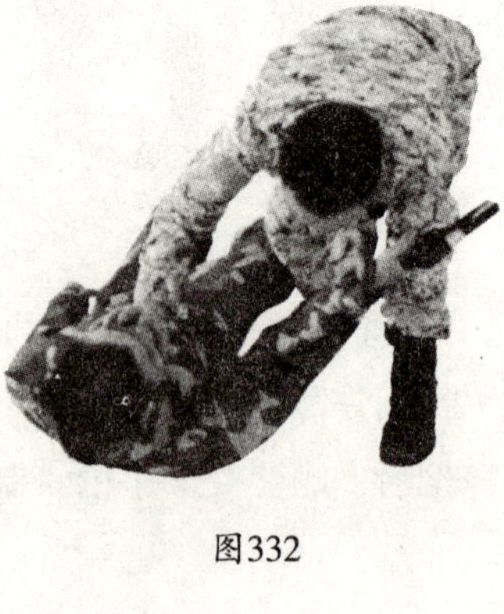

图332

图333

图334

图335

图336

图337

图338

二、与持刀的敌人搏斗

当敌人持刀攻击你而你赤手空拳时是很危险的。在这种情况下，没有什么技术可以确保你万无一失。因而当你面对敌人持刀攻击时，较明智的选择是迅速逃离危险区。因为不论敌人的实力强弱，刀子本身就为敌人增添了胜算。如果你处于一个狭小的空间无法逃脱，或者是由于职责所在不能离开时，你就必须在控制敌人刀子的同时打击对方。

令人遗憾的是，多数防卫匕首攻击的方法被教授得太不符合实际了。海豹突击队教官保罗·维那克指出："很多人可能会说在保护自己的要害部位的同时，攻击对方的眼睛或者是裆部或者是膝盖。我们已经用这种方式实验了27年。我们用锐器进行验证。结果此种方式根本行不通。在真实搏杀中，敌人会疯狂地、猛烈地劈刺你。如果持刀的人像以前空手道比赛中的选手那样攻击的话（只是轻轻地触摸而不真打），你倒是可以运用攻击对方要害的技术。但是，如果对方像野狗或者是疯狂的越狱者一样猛攻你时，你不可能有机会攻击到对方的眼睛或者是裆部，因为你这样做很快就会被劈刺得血肉模糊。在这种情况下你唯一能做的事情就是拼命地扭住对方的持刀手，然后咬对方的手。此时，对方可能会有一些机会戳或者是劈你，这些都不会是致命的创伤。此种情形下你能够生存的概率还是比较大的。对于像我这样训练了30年的格斗专家来说，我认为我在这种情况下生存的概率是30%。如果有人告诉你不同的论调，他是在骗人。30%的机会总要好过于没有机会吧。"

军事格斗术主要包括四种基本防御刀子攻击的方法，即防备刀刺戳胸腹部，防备刀反手挥砍，防备刀正手挥砍，对举刀过肩向下刺戳的防卫等。训练的目的是教会你如何在敌人以这几种运刀轨迹攻击你时快速控制敌人。你不要只看到敌人的刀子，而是应该使用手臂控制敌人的整条手臂。也可以在控制住敌人手臂后将其摔倒在地并且实施攻击。摔法不仅仅使对方摔倒在地，还可以通过撞击使其受伤，另外还能为后续的打击创造条件。

1.防备刀直刺

敌人持刀直刺士兵胸部，士兵迅速侧闪躲开刀子。紧接着用双手将敌人持刀手腕握住，将右脚稍微向后移动，身体向右转动，此动作可使敌人肘部受到损伤。士兵将自己两个拇指按在敌人手背，右拇指在上，左拇指在下，顺势将敌人手腕向肘部猛掰，再把其手腕向自己身体上方扭拧。士兵左腿向后绕退一步，在控制住敌人手腕的情况下，伸直自己手臂，从而将敌人摔倒在地。

敌人持刀向上戳刺，士兵迅速闪躲避开刀子，紧接着迅速将敌人持刀手腕拨向侧面，左臂弯曲夹持住敌人持刀手臂。然后，士兵向后稍移右脚，身体向右转身，使敌人肘部成反关节状态。紧接着，士兵将双手拇指按压在敌人持刀手背中心位置，右拇指在上，左拇指在下。以右脚为轴转体，将敌人腕部向肘部回折。为了使敌人倒地，士兵左腿跨出一步，向后转体，在继续控制住敌人手腕的状态下，将自己手臂伸展出去，并出腿绊倒敌人。敌人倒地后，在地上用毒招攻击其眼睛、咽喉、腹股沟等部位，重创敌人。

2.防备持刀挥砍

当敌人持刀以正手挥砍时，士兵移动脚步，运用双封堵技术去攻击敌人持刀手的前臂部位，准确地将双手分别置于敌人持刀手腕上方和肘部下方。士兵牢牢地擒住敌人持刀手腕，使其放松对刀子的握攥。士兵在拉拽持刀敌人手臂的同时，以右肘猛击其面部，使敌人向前倾倒。士兵用左臂缠绕住敌人持刀手臂，将其手臂锁夹于自己左腋下，用右腿将敌人扫倒在地。在地上用毒招攻击其眼睛、咽喉、腹股沟等部位，重创敌人。

当敌人持刀以反手挥砍时，士兵向左移动身体，避开刀子的攻击路线，两只手臂形成双重锁定，一只手臂放在敌人持刀手腕上方，另一只手放在敌人持刀手臂的肘部下方。双重锁定动作成功之后，士兵抓住敌人的手腕，用自己右手将其向下方扭转。在把敌人持刀臂的前臂在肘部下方牢牢控制住的时候，士兵用左掌根击打敌人肘部，迫使其向上。士兵实施坚定的锤式锁定，并开始将敌人压向前下方。以锤式锁定为支点，士兵用肘部猛压敌人肩部，使敌人面部朝下倒地，然后在地上将其制服。

3.对举刀过肩向下刺戳的防卫

敌人举刀过肩向下刺戳时，士兵快速前跨左脚，同时用左手臂进行高位封堵。士兵把持刀的手臂牢牢地夹制在自己的左腋下，用右掌根猛击敌人下颌。同时，士兵用右腿扫绊敌人，将其摔倒在地。然后，在地上用毒招攻击其眼睛、咽喉、腹股沟等部位，重创敌人。

4.训练方案

（1）假想空练。假想敌人手持刀子攻击你身体的不同部位，你防御后进行反击。

（2）对练。你徒手与持有模拟刀的对手进行对练。陪练持模拟刀攻击你身体的不同部位，你防御后进行反击。

（3）你戴上护目镜，陪练手持沾过颜料的大刷子攻击你。你防御后进行反击。训练时，你身上留下的颜料会告诉你挨了多少刀。

（4）与手持真刀的伙伴进行对练，训练一定要注意安全。经过一段与持真刀伙伴的对练之后，再次用大刷子进行对练。

5.应用举要

（1）敌人右手持刀由上向下攻击我身体的中上段，我靠近敌人，用双手虎口朝上阻挡并抓住其持刀手腕，接着身体右转，猛力拉拽敌人，使其倒于地上，将其制服（图339~343）。

图339

图340

图341

图342

图343

（2）敌人持刀靠近我，我突然以左脚踹踢敌人前腿膝关节，趁敌中招发懵之际，我用右膝从敌人持刀手臂下猛撞其右肋。紧接着，我牢牢抓住其手臂拧扭，并扭动身体用全身的重量将其拉倒在地，夺下其刀，将其制服（图344~348）。

图344

图345

图346

图347

图348

(3) 敌人从后面用左手抓住我的肩部衣服，右手持刀压在我的喉部。我用双手把敌人持刀手臂压平于自己胸部上端，使其无法用刀割喉。同时，将右手移动到其前臂处。在把敌人的臂和手都控制住的情况下沉身弯腰，将敌人背到后背上，紧接着，猛抬臀部将其从我头部上方摔过去（图349~352）。

图349

图350

图351

图352

(4) 当敌人持匕首由下向上挑刺我的腹部时，我身体略后移，用两手虎口向下抓住敌人持刀手腕，向后扭，同时向其右侧身后跨步，身体右转，右臂趁机插向其右腋下，抓按其右肩，左手向上推其持刀手腕，将其右手臂扭拧到背后，迫使其俯身弯腰，再将其控制（图353~356）。

图353

图354

图355

图356

(5) 当敌人反持匕首向我身体中段平刺时，我向左闪避，同时以右手擒抓其持刀手腕并回拉，以右脚内侧踩踏敌人右膝外侧或膝窝处，迫使其倒地。接着左手抓握住敌人下颌，向左后方使劲扳拧，同时以左膝抵住其后背，右侧髋骨顶住其持刀手臂肘部，右手向后猛扳，使其肘部形成反关节状而脱臼，再将其制服（图357~359）。

图357

图358

图359

第八节 寡不敌众的局面

如果你遭遇很多对手，就要连续不停地移动脚步。如果对方围成一圈，你要向圈外移动，不能让对方接近你，也不能让任何一个人靠近你的身后。重要的一点是你要保持眼、脚和身体的移动，不能站立不动，要用手臂摆动、拉拽和比划。当对手决意要靠近实施攻击时，这些要点可以阻止对手同时进攻。

如果某个家伙显然是这群人的首脑，那就遵照“擒贼先擒王”的原则尽量下狠手先将他制服，制服这个家伙后，剩下的人可能会因为失去主心骨而退开。美国海豹突击队教官凯德·科特立说道：

“与海豹突击队一队度周末时，我们几个人决定去圣地亚哥的海滨酒吧喝酒。可以想象，局面开始变得紧张，最后，其中一个当地人开始说脏话。我们没有意识到这个令人讨厌的当地人在酒吧里有40个亲密的朋友。在酒吧前面的街道上，我们5个人背靠背围成一个圈。我们发现捅了马蜂窝，现在必须应对这一群‘大黄蜂’。海豹突击队员虽然身体强健，但仍不足以以五敌四十。相当有趣的是，等到我们制服了这群人的头目时，整个事件立马平息。几乎是顷刻之间，其他人也丧失了斗志。在警察到来之前，我们幸运地离开了那里，身上只有几处擦伤。”

你尽量用随手可得的物件作为武器尽力让局面保持均衡，绝不让对方轻易得手。如果没有机会捡起物件，那你只能靠赤手空拳来保护自己了。此时你下手一定要狠。你可以用手指戳击离你最近的那个人的眼睛，然后迅速绕到第一个被你击伤的人的背后，将他控制在你与别的对手之间。从对手的后面用掌劈打其头部和颈部，戳击其眼睛，建立一道防护屏障。当你试图从包围中脱离并跑开时，要在击打后改变方向，再继续击打，就像带球跑那样。当你转身时，要用脚不断地踩踏对手的脚背，这样不仅能保护你的身体平衡，踩伤对手的脚背，而且还可以给想要抱住你腿的对手制造更多的困难。

如果你被撂倒在地面上，此时你的第一要务就是用双手遮护头部，以双肘保护身体侧面。即使倒地也要竭尽全力进行反击，用脚踢对手小腿、裆部，只要有机会就抓住并扭对手的脚踝。抓住一切可能的机会站立起来继续搏斗或跑开。

具体训练方法如下：

一、箱形头巾训练

海豹突击队中有一种与众不同的训练方法，叫作“箱形头巾训练”(Hooded-Box Drill)。训练时，士兵手持步枪，腰别手枪，站在一间比较黑暗的乱糟糟的房子里。接着，会有一块60厘米×60厘米的头巾从天花板上掉下来蒙住士兵的脸。这个训练是为了锻炼士兵立即做出评估和反应的能力。一旦头巾被拿掉，士兵只有不到1秒的时间对他所处的形势做出判断，并迅速做出反应。在军事行动和现实生活中，形势转换非常快。这是一个奇特的训练方法。尤其是当头巾被掀起来时，在离士兵一步之遥的地方站着的4个人马上靠近士兵实施攻击。士兵做出反应，进行应对。

二、团伙攻击训练

这种特殊的训练要用极限的速度和强度去做，每次10~15秒钟。找4个或更多的陪练，还要悬挂1个重型的沙袋。

3个陪练各持1个面积较大的靶垫。第4个人站在房间灯的开关旁，轻快地按电灯开关。你闭上眼睛并转身。2个陪练手持靶垫猛烈地攻击你，同时第3个人把靶垫扔到你的脚下，企图绊倒你，这其实是一个迷惑人的方法。第一次被靶垫攻击后，马上睁开眼睛，调整身体，找到沙袋并进行攻击。同时避开并攻击陪练手持的靶垫，但要把注意力集中在沙袋上，把它作为你的主要攻击目标，还要抽出时间自由地踩击地上的脚靶（就像踩击攻击者的脚一样）。在灯光亮起的刹那间，你迅速移动，使沙袋处于你和最近的攻击者之间时，迅猛地攻击沙袋。要随心所欲地击打，击打时要大声喊叫。

第四章 利用日常物件制敌

军事上不可能存在纯粹的空手对空手的格斗，所以要学会善于运用武器。士兵除了肢体武器——手、脚、膝盖、肘部、头部、牙齿等，其他任何可以拿在手中、用于打击敌人或削弱敌人的物品，都是士兵理所当然应当使用的附加武器。

据美国海豹突击队教官凯德·科特立说：“我的一个前队友在伊拉克遭到袭击，不但他的步枪被毁，手枪也没子弹了。他必须立即评估现状，看能抓到什么可以当作武器。因为敌人换子弹，他得以抓起一个烤炉，用作致命武器。因此他成了美国用小炉灶杀人的第一人。这是一件真实的事情，它说明了临时凑合是怎么回事，身心的承受力和海豹突击队思维的应用会救你的命。”

无论你身处何方，都可以进行情景感知训练，环顾四周，寻找可以用作武器的东西。

一、战场上

○用于挖战壕的铁铲是件绝佳的武器，尤其是把边缘磨得锋利后，挥舞起来像一把大刀。士兵可以用铁铲的边缘劈扫敌人的颈部和喉咙。

○头盔可以用来打击敌人的面部和头部。

○帐篷的支柱和销钉都是很有用的制敌武器，它们可以像刀子一样攻击敌人的喉部、眼睛和腹股沟等部位。

○固定帐篷用的绳子和电话线都可以用来勒死敌人。

二、衣物

○可以用皮带像鞭子一样抽击敌人。

○脱下的衣服在抵抗刀子等尖锐的物品时很有用处。

○袜子里装上沙土或硬币可以用来攻击敌人。

三、厨房

○用刀、叉、擀面杖、水壶、炒锅、盖子等作为武器攻击敌人。

○灭火器既可用来砸击敌人，也可打开喷雾器糊住其眼睛。

○可以用面粉撒向敌人的面部，迷住其眼睛。

○可用胡椒粉和咖喱粉来撒向敌人面部。

○可用火钳来打击敌人。

四、车库

○工具箱中的钳子、扳手可以用来打击敌人。

○螺丝刀可用来戳击敌人。

○将车钥匙从指头缝中伸出，攥住拳头，用来攻击敌人的眼睛。

五、飞机上

○可以用书籍挥砍敌人咽喉或进行投掷。

○卷起的杂志能像短棍一样劈打或者刺戳敌人的咽喉或脸部。

○从饮料车上拿起饮料砸向敌人的眼睛。

○用毛毯蒙住敌人的面部，再用别的攻击方法将其制服。

六、客厅

○可以将开水泼向敌人的面部。

○可以用烟灰缸砸击敌人，也可以像飞盘一样投向敌人。

○如果你被敌人牢牢地抱住，但有个打火机触手可及，你可用打火机的火苗烧敌人。

七、野外

○用树枝来戳击敌人的眼睛，或者劈打敌人的手腕、肘关节等部位。

○用石头砸击敌人。

○可用沙土扔到敌人的面部，让其暂时睁不开眼。

八、办公用品

○笔记本电脑可以抵挡敌人的攻击，也可以用来砸击敌人。

○订书机可以砸击敌人的面部，也可以像钳子一样夹住敌人的手指，将其扳折。

○尺子可乱砍乱戳敌人。

○剪刀用来戳刺敌人。

○电脑和打印机上面的电源线、电缆、网线也可以用来抽打敌人。

○办公用笔可以用来戳击敌人。

总之，如果你发现有人企图伤害你，你可利用随手可得的一切物件进行自卫防身。如果你能甩、扔、戳、格挡、喷洒、勒扼……你就做吧。

第五章

美国特种部队格斗术所需要的身体训练

美国特种部队对其队员的体能素质要求极高，他们必须拥有极强的力量素质、灵敏素质和强健的心肺功能，而这些必备素质也是完成指定军事任务的前提条件。

近身格斗是非常耗费体力的。如果一名格斗者缺乏强壮的体能基础，那么心理上的压力、高强度的体力消耗，以及疼痛的煎熬等等，所有这些结合起来，就会在极短的时间里耗尽他的格斗潜力。所幸的是，在美国特种部队中有一些活泼有益的体能训练方法，能帮助士兵迅速提高身体的格斗能力。现在将美国海豹突击队基本体能训练项目和动作简介介绍如下。

一、体能训练项目

○杰克跳60秒，重复50次。

○二分之一杰克跳60秒，重复50次（2拍）。

○双臂全方位伸展60秒，重复10次。

○屈伸腿（全部变换练习）60秒，重复60~100次。

○俯卧撑60秒，重复30次。

○交替式摆腿60秒，重复25次。

○蝴蝶式伸展30秒，重复2次。

○髂胫束ITB伸展60秒，每侧2次。

○坐位三式股二头肌伸展180秒。每侧重复2次。

○泳姿拉伸30秒，重复2次。

○钻石俯卧撑60秒，重复30次。

○仰卧起坐60秒，重复30次。

○宽距俯卧撑60秒，重复30次。

○仰卧背部伸展30秒，完成1次。

○俯卧上身拉伸30秒，重复2次。

○俯卧超人式拉伸60秒，每侧重复10次。

○双脚冲天60秒，重复30次。

○跪地后踢腿60秒，每条腿踢30次。

○双手置于膝侧下蹲30秒，重复10次。

○后肩部或上背部伸展30秒，重复2次。

○三头肌伸展60秒，每侧2次。

○弓步拉伸髋关节肌肉群（俄罗斯舞者）30秒，每侧2次。

○坐姿四头肌伸展30秒，每侧2次。

○立姿提踵60秒，重复30次。

○腓肠肌/比目鱼肌伸展30秒，每侧2次。

○俯卧撑60秒，完成极限次数。

○双杠臂屈伸60秒，完成极限次数。

○爬绳训练1次。

二、体能训练技术动作简介

1.杰克跳

立正站好，两脚分开跳起，同时手臂举起，在头顶拍手，还原动作。

2.仰卧起坐

仰卧起坐是美国特种部队的体能测试项目。它能锻炼背部肌肉、腹部肌肉、臀部肌肉。其动作要领是，平躺于地面或垫子上，双腿挺直固定，上体用力前屈坐起，然后身体恢复仰卧。以此重复练习。

3.腹肌屈伸

腹肌屈伸是绝佳的锻炼腹肌的方式，它的功效甚至比仰卧起坐还要好。其动作要领是，身体平躺于沙坑或垫子上，两手向后抱头，然后屈身，双膝向上抬起，同时利用腹肌带动背部离地，使头部与双膝接触后身体恢复仰卧。以此重复练习。

4.俯卧撑

俯卧撑是美国特种部队的体能测试项目，既能训练力量，也能训练耐力。其动作要领是，两手撑地（根据两手的距离，俯卧撑包括常规、宽距、窄距等形式），手指向前，以两脚掌支撑地面，身体成直线。屈臂至胸部接近地面，然后快速发力推起至两臂伸直。做动作时身体保持挺直。以此重复练习。

5.引体向上

引体向上也是美国特种部队的体能测试项目，能很好地锻炼臂部、肩部、胸部以及背上部的肌肉。其动作要领是，两手抓住单杠，两臂伸直使身体自然下垂，用力屈臂上拉至喉部超过横杆，稍停后身体下落。以此重复练习。

6.站姿提踵

站立于小腿训练器上，脚掌置于踏板上，重力垫置于双肩。身体挺直，脚跟抬起，尽力向上提拉小腿，然后慢慢还原。提拉时呼气，还原时吸气。以此重复练习。

7.超人式拉伸

趴于地上，用力紧绷抬起对称的一条胳膊和一条腿，坚持3~5秒，然后还原初始动作，变换方向做相同练习。以此重复练习。

8.跪地后踢腿

两膝跪地，双手撑地，胳膊伸直，将一条腿后蹬。后蹬多次后再换另一条腿后蹬多次。以此重复练习。

9.双腿冲天

双腿冲天有两种动作，一种动作是仰卧于地上，两手抱头，双腿上举与地面垂直。抬起上身，用两手接触双脚，然后还原。以此重复练习。

另一种动作是，仰卧于地上，双手置于身体两侧，然后用力使臀部离地，双腿向头部后上方抬起。以此重复练习。

10.屈伸腿

仰卧于地上，两手抱头，抬起双腿，膝盖弯曲。

11.变换训练

仰卧于地上，两腿弯曲，脚掌触地，把两腿向胸部拉伸。手臂也有多种姿势，置于身体两侧、抱住头、交叉置于胸前、交叉举过头部等。

图书在版编目(CIP)数据

美国精锐部队搏击术 / 王红辉编著. -- 太原：山西科学技术出版社，2017.9

ISBN 978-7-5377-5561-0

Ⅰ. ①美… Ⅱ. ①王… Ⅲ. ①特种部队-搏击-介绍-美国 Ⅳ. ①G857.12

中国版本图书馆 CIP 数据核字(2017)第 172529 号

美国精锐部队搏击术

出 版 人： 赵建伟
主　　编： 王红辉
策划编辑： 徐俊杰
责任编辑： 徐俊杰
责任发行： 阎文凯
封面设计： 吕雁军

出版发行： 山西出版传媒集团 · 山西科学技术出版社
地址：太原市建设南路 21 号　邮编：030012
编辑部电话： 0351 - 4922107
发行电话： 0351 - 4922121
经　　销： 各地新华书店
印　　刷： 山西聚德汇印务有限公司
网　　址： www.sxkxjscbs. com
微　　信： sxkjcbs

开　　本： 710mm×1010mm　1/16　印张:9
字　　数： 132千字
版　　次： 2017年9月第1版　2017年9月太原第1次印刷
印　　数： 1-4000册

书　　号： ISBN 978-7-5377-5561-0
定　　价： 29.80元